R. $115.$
S. 1.

LE VULGAIRE

ET

LES MÉTAPHYSICIENS,

OU

DOUTES ET VUES CRITIQUES

SUR L'ÉCOLE EMPIRIQUE.

Par W. R. BODDMER,

DE GENÈVE.

—— « Je cherche la vérité et ne la trouve
» point.

—— » Et nous parvenons à cette singulière
» conclusion , que le vulgaire a mieux
» analysé l'homme que les philosophes.

—— » Douter est le moyen d'arriver à la
» lumière. »

EN SUISSE,

Et se trouve

A PARIS,

Chez Fuchs, Libraire, rue des Mathurins, N.º 35.

AN 10. —— 1802.

LE VULGAIRE

ET

LES MÉTAPHYSICIENS,

OU

DOUTES ET VUES CRITIQUES

SUR L'ÉCOLE EMPIRIQUE.

§. I.

But de l'ouvrage.

QUEL est l'état actuel de nos connaissances en métaphysique......? Il n'est peut-être aucun métaphysicien qui ne fût, en France, très-embarrassé par cette question. Adressez cette même question à un géomètre, à un chimiste, à un botaniste, à l'égard de leur science respective, et ils dérouleront sous vos yeux le tableau des progrès successifs de leurs travaux ; ils traceront la marche qu'ils suivent, et les méthodes qu'ils emploient pour augmenter la masse des lumières acquises.

A 2

Si les connaissances en métaphysique s'esti-
maient d'après ce qui a été écrit sur cette
science, elles paraîtraient fort étendues ; mais
si on les apprécie d'après leur degré de certitude,
leur cercle se rétrécit beaucoup, sans qu'or
puisse néanmoins lui prescrire une circonférence
précise.

La vérité est une : si les métaphysiciens
l'avaient découverte, on ne verrait pas différentes
écoles se combattre mutuellement en s'appuyant
de principes contraires, et dans chacune de ces
écoles, presque autant de systèmes différens,
quoiqu'avec les mêmes principes pour bases,
qu'elle renferme d'écrivains. Je parle du dix-
huitième siècle. Que serait-ce si nous remontions
aux siècles antérieurs..... ?

Il en est de la métaphysique comme de la
religion ; chaque secte s'écrie : c'est moi qui ai
la vraie.

Mais ce qui est assez extraordinaire, c'est
qu'une science qui a aussi peu de certitude,
prétende prescrire des lois à toutes les autres
sciences, soit exactes, soit morales et politiques.
Jusques à ce moment, la métaphysique pure
a fort peu avancé les sciences humaines ; mais
il est des branches secondaires, telles que la
logique, la théorie du langage, etc..... d'où les
autres sciences ont déduit des principes lumi-
neux avec lesquels elles se sont chacune créé
leur métaphysique particulière.

Exposer quelques observations critiques sur la métaphysique de l'école empirique, ce n'est point avoir la prétention de faire connaître la vérité, je l'ignore.....; mais mon but est d'amener à douter de la certitude des opinions de cette école. Une nouvelle métaphysique qui s'intitule: *philosophie transcendante*, étonnante par la hardiesse de ses principes, la profondeur de sa marche, la fécondité de ses résultats, s'offre aux méditations du public pensant. Ébranler la croyance à la métaphysique actuellement régnante, est le moyen d'engager à examiner celle qui veut la remplacer.

Après avoir lu ces observations, on pensera peut-être que les philosophes de l'école empirique sont restés en arrière du vulgaire dans l'analyse de l'homme intellectuel, et que ce vulgaire a mieux reconnu les différentes facultés et les opérations résultantes de leur exercice, à l'aide desquelles nous acquerrons nos connaissances, que ces mêmes métaphysiciens, qui prétendent prescrire des lois à l'univers; résultat sans doute fort extraordinaire.

Ce serait alors ces notions métaphysiques du vulgaire, ces principes reconnus par tous et dans tous les temps, qu'il faudrait examiner comparativement avec la philosophie transcendentale.

Mais on doit se persuader en France que les commentaires et les extraits que l'on a publiés sur la philosophie de Kant, sont absolument insuffisans pour la faire connaître.

C'est la critique de la raison pure elle-même, ce sont tous les autres ouvrages de ce beau génie qu'il faut étudier et approfondir dans leur langue propre, pour pouvoir bien connaître son système, et cette étude n'est pas l'affaire d'un jour.

Les ouvrages de Kant ne se lisent pas comme un roman, leur étude est difficile, très-difficile même ; mais ce n'est point, comme on se l'imagine, à cause de leur néologisme ; Kant est très-peu néologue ; ses ouvrages sont difficiles, parce qu'ils sont profonds, sans être obscurs. Le bel ouvrage de mécanique céleste de l'immortel géomètre Laplace est-il sans difficulté à la lecture ?

En France on est habitué à une métaphysique légère, superficielle, et l'on croit pouvoir parler de métaphysique dans un salon ou dans quelques pages d'un journal, comme on parle des ouvrages de littérature.

J'avais d'abord eu l'intention de joindre à ces observations un petit commentaire sur le commentateur de Kant, afin de démontrer que son livre était absolument insuffisant pour faire connaître la doctrine transcendentale, et qu'une traduction de la critique de la raison pure, chapitre par chapitre, paragraphe par paragraphe, sans être cependant textuelle, était absolument nécessaire à cet effet ; mais ce commentaire d'un commentaire eût été plus curieux qu'instructif ; il a été supprimé.

La première partie de l'ouvrage de Villers est écrite avec beaucoup d'esprit et de sel ; elle était très-propre à réveiller les esprits endormis, et à attirer l'attention du public sur ces matières. Si son intention a été de faire du bruit et d'acquérir de la célébrité, elle est remplie, et il a réussi ; mais il a cru devoir se faire léger, pour être à la portée d'une nombreuse classe de lecteurs, et il ne nous a montré qu'un squelette très - imparfait de la doctrine de Kant.

Alors qu'il s'agit d'opposer un nouveau système à un ancien consolidé par les années, et de renverser des opinions établies dans une science depuis un siècle, ce n'est pas le public qu'il faut chercher à convaincre, mais ce sont les hommes qui se sont consacrés à l'étude de cette science.

En voulant avoir une nombreuse classe de lecteurs, on redoute les longues discussions, les critiques approfondies, toujours pénibles et fastidieuses, et on cherche à se rendre superficiel pour être compris de tous ; mais par-là on n'éclaire point, et l'on persuade encore moins.

La manière inexacte et presque absurde avec laquelle la plupart des journaux ont rendu compte de l'ouvrage du commentateur de Kant, doit lui prouver combien il a eu tort de n'avoir

pas traité son sujet avec toute la profondeur
et les développemens qu'il exigeait.

La vérité est-elle toute entière dans les ouvrages de Kant.....? Je l'ignore ; mais du moins
ils auront fait faire des pas immenses dans la
science de l'homme , et ses successeurs s'en
approcheront davantage.

Si dans ces observations nous laissons fré-
quemment entrevoir l'insuffisance des opinions
vulgaires, pour expliquer les phénomènes relatifs
à la science de l'homme et la nécessité de recourir à d'autres lois subjectives de la cognition,
c'est qu'il est presque impossible de ne pas se
laisser entraîner par ce qu'il y a de sublime
dans les vues transcendentales , et que , sans
avoir l'intention de comparer les deux doctrines,
quand on voit les bornes de celle qu'on expose,
on s'élance vers celle qui semble les reculer
et même n'en pas reconnaître. C'est cette raison
sur-tout qui nous a engagé à exposer la première seulement dans son rapport avec l'acquisition de nos idées simples et quelques-unes des
opérations que nous exécutons sur ces idées
simples. En la développant dans son rapport
avec le système général de nos connaissances ,
nous eussions rencontré sans cesse de nouvelles
difficultés qui nous auraient amené à la comparer à la doctrine transcendentale, et à reconnaître la nécessité d'admettre des formes subjectives pour les différentes facultés de la cognition ; ce qui n'entre pas dans notre but actuel.

Nous l'observons de nouveau, nous ne voulons exposer que des doutes sur les systèmes des philosophes empiriques, et non faire un livre de métaphysique. L'amour seul de la vérité a pu nous engager à écrire ; la nature nous en a refusé le talent, nous ne lutterons pas contre elle. Un ouvrage mal écrit, un ouvrage dont le style est incorrect et souvent barbare, ne peut nous faire accuser d'être désireux de célébrité. Rien n'est si fastidieux que la lecture d'observations et de remarques critiques ; il est plus doux de croire que de douter, plus facile de dire, je sais, que d'examiner. Il faut du courage et un goût très-vif pour les recherches métaphysiques pour s'engager dans les discussions qu'elles entraînent. Ce n'est donc qu'à la méditation d'un très-petit nombre de lecteurs que ces observations sont offertes.

§. II.

Qu'est-ce qu'a reconnu le vulgaire ?

Les hommes, en général, s'étaient accordés à reconnaître que leur *être* était composé de deux principes, l'un matériel, le corps ; l'autre immatériel, l'ame, lesquels étaient dans une dépendance mutuelle. L'acquisition de nos connaissances et le développement de nos sentimens avaient lieu par l'action des objets extérieurs sur nos sens, et en vertu de facultés primordiales dont l'ame et le corps étaient doués, lesquelles constituaient leur nature particulière.

Puisqu'on reconnaissait des facultés relatives à l'accroissement physique du corps, telles que la digestion, la nutrition, etc.,... on pouvait en reconnaître d'autres d'où dépendait son développement intellectuel.

De l'exercice et de la réaction mutuelle des sens et des facultés intellectuelles, résultaient différens actes relatifs à cette acquisition des connaissances et à ce développement des sentimens.

C'est ainsi qu'il a été reconnu,

1.º Que nous apercevions ;

2.º Que nous concevions, (c'est-à-dire, que nos aperceptions, soumises à certaines lois »

devenaient pour nous de véritables connaissances, et passaient dans le règne de la science ;)

3.º Que nous voulions ;

4.º Que nous éprouvions des sentimens, telles
que les jouissances et les souffrances de l'ame,
les affections morales, les passions, etc.....; les
lois de la conscience, l'amour du beau, de la
perfection, etc....., étaient rangés parmi ces
sentimens, lesquels étaient des choses bien distinctes des volitions, des aperceptions, des
conceptions ;

5.º Enfin, que nous conservions nos connaissances acquises ; qu'à l'aide de cette conservation, nous procédions à l'acquisition d'autres
connaissances, lesquelles se conservaient à leur
tour, ainsi de suite.

Tels étaient les cinq actes capitaux du *moi*
humain, que le peuple a distingué de tout
temps, ainsi que les langues des nations civi-
lisées en font foi.

Maintenant, quelles sont les facultés d'où
proviennent ces cinq actes ? quelles sont les opérations intérieures qui les engendrent ? quelle
part y prend l'ame ? quelle part y prend le
corps ? comment venons-nous à apercevoir, à
concevoir, etc...... ?

Les aperceptions, les conceptions, etc......
ne se divisent-elles pas en différentes classes ?
quelles sont ces classes ?

Ne pourrait-on pas ramener ces actes à quelques principes simples et généraux.....?

C'est ici que le peuple et les métaphysiciens, et les métaphysiciens entre eux, se sont divisés d'opinions, et ont embrassé des systèmes différens.

Le peuple n'a pu croire que cinq actes aussi distincts pussent avoir la même source ; en conséquence il a distingué tout autant de facultés particulières relatives à ces différens actes, et selon le besoin, il a subdivisé ces facultés ; il n'a pas cherché de principe primitif, simple et générateur.

En conséquence, il a attribué à l'ame les aperceptions, et il en a distingué trois classes premières ; savoir, les sensations, les images et les idées : il n'a point confondu la sensation et son image, la sensation et son idée ; il les a distinguées d'une manière nette et précise ; puis il a vu que nous *apercevions* les actes de la conception, de la volonté, et les sentimens dont nous étions animés : il a donc admis dans l'ame une *faculté d'apercevoir*.

Si nous concevons nos perceptions, sensations, images, idées, c'est d'abord en les *associant* entre elles, en les liant par un *acte du moi*, puis en les comparant ; enfin en établissant, d'après ces associations et ces comparaisons, des rapports (ou simplement, selon les cas, en déterminant et reconnaissant ces rapports) entre elles, etc...... Tel est le premier acte de la conception; et il a dit : ce sera la fonction de ce que j'appellerai l'*entendement*.

Ensuite nous avons le pouvoir de déduire, de conclure, d'affirmer entre ces perceptions, entre ces associations et leurs rapports reconnus, qu'il y a identité, dissemblance, analogie, etc...... Associer et déduire sont des actes très-distincts et différens de mon esprit ; alors j'appellerai *raison* ce pouvoir de déduire et de conclure. Le peuple a dit : je les embrasserai en un seul acte, que j'appellerai *jugement*. Le jugement sera l'expression de ma conception, et c'est par celle-ci que mes aperceptions deviennent une connaissance complète. Les jugemens, liés entre eux par *d'autres actes* de ma raison, formeront le raisonnement.

Si l'aperception appartient à l'ame, la conception lui appartient de même.

Apercevoir, concevoir, vouloir, seront des actes très-distincts de mon ame et différens entre eux.

La volition est l'action résultante d'une force motrice de l'ame sur les fibres du cerveau; c'est une faculté distincte.

Dans la volition, il paraît qu'il y a un mouvement produit par l'exercice de la force motrice de l'ame sur les fibres du cerveau.

Mais dans la conception, il y a association, comparaison, déduction. Quel rapport entre un

mouvement produit et ces actes? Dans les uns,
successions; dans les autres, simultanéité. Il
faudra donc distinguer la faculté de vouloir de
la faculté de concevoir.

Le peuple a parfaitement saisi qu'entre l'aperception des sensations, images, idées, et l'aapercep-
tion des jugemens qu'il portait, d'où résultait
l'acte de volition, il y avait des actes intermédiaires, distincts, qui découlaient de son *moi*,
d'où résultaient les jugemens soumis à son aperception. Ces actes étaient relatifs à la conception; toutes les langues en font foi.

Ces actes ne pouvaient résulter d'une combinaison de la simple aperception des sensations, etc......, et de l'action d'une force motrice
de l'ame sur le cerveau.

Ensuite il a remarqué qu'il était fort différent
d'éprouver les sentimens ou de les apercevoir;
que ces sentimens étaient développés par les sensations, les images, les idées, les notions, etc....,
et s'y *appliquaient* après que celles-ci avaient
été soumises à l'aperception; que ces sentimens
ne pouvaient être engendrés par la combinaison
de l'aperception de ces choses et de la force
motrice de l'ame sur le cerveau; qu'au contraire,
ces sentimens étaient intermédiaires entre l'aperception et la volition, et dirigeaient celle-ci.

Alors l'homme a regardé ces sentimens qu'il
trouvait en lui, comme primordiaux, comme
innés, comme inhérens à sa nature, et il en a

formé différentes classes. C'est ainsi que du sentiment inné du juste et de l'injuste, du bien et du mal, etc......, il a formé ce qu'il a appelé lois de la conscience....., etc......

Le peuple s'est dit : c'est moi qui crée le monde moral au milieu du monde physique. Le monde moral est en moi, il ne peut découler des choses physiques ; mais celles-ci développent en moi ces sentimens qui sont l'essence de mon être, lesquels, d'abord bien distincts entre eux, le sont encore de toutes mes autres facultés.

Quant à la conservation des connaissances, si c'est par les sens qu'on les acquiert, les organes intérieurs doivent contribuer à cette conservation.

Les images et les idées, voilà les connaissances conservées. On ne peut confondre les images et les idées ; mais il y a cette différence que les aperceptions idées sont toujours accompagnées d'une aperception image, ou sensation qui les réveillent en moi.

Lorsqu'une ancienne sensation se représente, il se peut que je la reconnaisse, c'est ce que j'appellerai *acte de réminiscence*. Lorsqu'une idée, une image se représente, il peut y avoir aussi acte de réminiscence.

La faculté de reproduire les images sera l'imagination.

La faculté de reproduire les idées par des

signes, sera la mémoire. Il pourra y avoir dans les deux cas un acte de réminiscence.

La mémoire, l'imagination, la réminiscence seront des choses bien distinctes.

Telle est en général l'analyse, grossière à la vérité, qu'ont fait tous les hommes de leur être intellectuel. Je le répète, les langues en font foi.

On verra dans les paragraphes suivans, que cette analyse étant un peu perfectionnée, toujours en suivant la même méthode, mérite bien d'être examinée comparativement aux systèmes que nous ont donné les métaphysiciens.

Des facultés primordiales et innées constituant la nature, l'essence de l'ame, n'ont point paru des choses absurdes au peuple, et la co-existence de plusieurs de ces facultés, de plusieurs sentimens, ne lui ont pas paru une chose impossible. Les sens les font entrer en exercice, et de là résultent nos connaissances et nos sentimens moraux, développés et appliqués au monde physique. Il se pourrait bien que le simple et le composé ne fussent que nos manières de voir : voilà ce qui a été dit et répété bien souvent. Qu'est-ce que la simplicité de l'ame....? Pouvons-nous en décider pour nier la co-existence des facultés et des sentimens innés? De ce que nous appelons simple dans le corps, pouvons-nous conclure à ce que nous appelons simple dans l'ame? Ces raisonnemens ont été répétés mille

et

et mille fois, car le monde est bien vieux (*), et la métaphysique populaire aussi vieille que lui.

Dans nos temps modernes, les langues étaient déjà formées, les principes du raisonnement bien assis, et les lois de la morale reconnues par tous, lorsque ceux qui s'intitulent les seuls vrais métaphysiciens ont paru et ont dit : il y a à toutes ces choses des principes générateurs ; vous reconnaissez l'ame, mais l'ame est simple, et ne peut avoir tant de facultés innées. Nous allons assigner au corps et à l'ame leurs fonctions distinctes, et vous verrez que les sensations et les idées, et toutes les différentes classes d'aperceptions et de conceptions, que les jugemens, que la mémoire et l'imagination, que les lois de la conscience et de la morale, que l'amour de la perfection, et que les sentimens moraux sont des choses qui toutes découlent de un ou deux principes générateurs que nous allons vous dévoiler, l'homme physique, intellectuel et moral, qui vous paraît si composé est *simple*, et tout s'expliquera d'une manière *simple*.

Exposer quelques doutes sur l'école empirique, ce n'est pas faire l'histoire des opinions

---

(*) La philosophie transcendentale coupe, par la racine, toutes ces difficultés, en faisant voir que la distinction de corps et d'ame, de matière et esprit, est une distinction vaine et absurde.

B

des philosophes sur l'homme; il aurait cependant été convenable de rapprocher en un tableau très-succint, la doctrine particulière à chaque philosophe de cette école; mais un pareil rapprochement semblerait annoncer la prétention de les évoquer à son tribunal; et bien loin de les juger, nous n'exposons que des doutes. Des noms aussi imposans que ceux des métaphysiciens, ne doivent être traités qu'avec un profond respect; cependant, lorsque nous comparerons les opinions vulgaires à la philosophie transcendentale, nous nous permettrons ce rapprochement, parce qu'il offrira une opposition piquante et curieuse entre les deux écoles.

§. III.

Quelques développemens de la doctrine vul-
gaire sur les facultés de l'être humain,
et l'acquisition de ses connaissances.

JE l'ai dit, cette doctrine ne m'appartient pas,
je ne l'ai nullement adoptée ; il me paraît que
c'est celle que tous les siècles ont connue ; je
ne la défendrai point.

Son principe fondamental est que nos connaissances sont dues à l'action des objets sur nos
sens, et aux modifications intérieures du *moi,*
résultantes de ces impressions et des actes des
facultés primordiales, constituant la nature de
ce *moi.*

Comme elle ne s'élève pas jusques à rechercher *comment* ce *moi,* d'après les lois de sa
nature, modifie ces mêmes impressions ; comme
elle ne distingue pas en elles ce qui est subjectif
de ce qui est objectif, elle est *empirique.*

En accordant à l'entendement le pouvoir
d'associer des idées et des sensations, de déter-
miner et même de créer certains rapports entre
elles, etc....., en reconnaissant des actes particuliers de l'esprit découlant de la raison, comme
la déduction, l'affirmation, etc....., d'où résultent les jugemens et les conceptions, elle se

B 2

rapproche de la philosophie transcendentale ;
mais elle a laissé dans le vague, l'incertitude
et l'incomplet, *tous les modes ou lois secon-*
daires de ces mêmes conceptions.

D'un autre côté, elle s'en éloigne beaucoup
en méconnaissant entièrement les lois subjectives, d'après lesquelles toute aperception doit
avoir lieu.

Le lecteur trouvera dans quelques-uns des
paragraphes suivans, quelques observations propres à fortifier (empiriquement parlant) cette
théorie, et à lever les objections que pourraient
faire naître la division des facultés de l'homme
que présente le tableau ci-après.

Nous nous sommes bornés, dans l'exposition
des opérations intellectuelles qui découlent de
ces facultés premières, à la classe des idées sensibles et élémentaires, parce qu'elles sont la
base de toute cognition ; et si leur théorie vient
à être démontrée fausse par les principes de
la philosophie transcendentale, de plus grands
développemens étaient inutiles.

La formation des idées abstraites et uni-
verselles, la génération des idées, des modes
mixtes, etc....., les différentes classes de signes
et leurs fonctions, etc......, ne doivent être
que les corollaires des premiers principes admis
relativement aux opérations exécutées par
l'homme sur ses sensations simples et élémentaires.

Par la même raison, nous n'avons comparé avec cette théorie que les bases fondamentales sur lesquelles reposent les divers systèmes des métaphysiciens de l'école empirique.

Faculté de l'ame relative aux aperceptions.

Par l'aperceptibilité, l'ame a la connaissance
a. — de ses propres modifications..... *les idées ;*
de celles du cerveau...... *les images ;*
de celles des organes extérieurs du corps,
simultanément à celles qui en résultent
pour elles-mêmes..... *les sensations.*

L'ame a des perceptions *idées*, des perceptions *images*, des perceptions *sensations*, toutes distinctes les unes des autres ; elle aperçoit aussi des sensations internes dans le corps.

b. — *Des sentimens* qui lui sont propres, lesquels découlent de la sentimentalité, et sont développés par différentes causes.

C'est par l'aperception et la conception que nous en constituons une classe d'*idées.*

c. — *Des actes de sa volonté.*

d. — *Des actes de l'entendement et de la raison.*

De ces actes découlent les jugemens que l'esprit perçoit de même, et qu'il confie à l'*idéalité* et à la *volonté.*

C'est dans l'idéalité que sont conservées les différentes classes de perceptions qu'a reçu l'aperceptibilité.

B. 3.

Faculté relative à la conservation des connais-
sances. ❤

L'idéalité. L'ame ayant été modifiée par les
organes du corps, en conserve des *traces.* Ces
traces sont les *idées.* (Les idées et les images
sont deux choses très-différentes, ainsi que leur
aperception ; c'est ce qu'on démontrera plus
loin.) Les idées sont co-existantes dans l'ame,
et soumises à son aperceptibilité d'après certaines lois.

Je ne parle ici que des idées reçues par les
sensations simples, alors que celles-ci ont modifié l'ame, et de l'idéalité dans ses rapports avec
le premier mode de l'aperceptibilité (*).

Facultés relatives aux conceptions, *lesquelles,*
si l'on veut, formeront, envisagées comme
une seule faculté, la conceptibilité.

L'entendement associe et lie entr'elles les perceptions sensations..... images..... idées, les
compare, trouve et détermine leurs rapports,
les crée dans certains cas.

Il établit des relations entre les organes extérieurs, son *moi* et les objets.

_____

(*) Si j'avais à dire ce que sont dans cette théorie les
idées dans leur rapport avec les conceptions et les sentimens,
cela m'entraînerait à développer un système complet de
métaphysique, et j'ai déjà dit souvent pourquoi je m'arrêtais
aux idées simples.

Il y a dans les actes de l'entendement des lois subjectives et des causes objectives.

Mais la théorie vulgaire n'a déterminé qu'imparfaitement ces lois subjectives et leur correspondance avec les causes objectives qui en déterminaient l'exercice.

Après que l'entendement a exercé ses différentes fonctions, la *raison*, que l'on peut regarder comme une autre faculté ou comme un mode de la conceptibilité, déduit entre ces rapports identité, analogie, trouve les conséquences ou cherche les intermédiaires, décide, conclut, affirme, etc.....

L'expression de ces différens actes, envisagés comme un seul, porte le nom de *jugement*; le tout est une conception.

La raison ensuite déduit entre ces mêmes jugemens identité, analogie, conséquence, etc..... et forme des raisonnemens.

En vain voudrait-on assimiler l'entendement et la raison à l'aperceptibilité; jamais, par la simple aperception, par la sensibilité, il n'y aura association, comparaison, détermination de rapports, déduction, affirmation. Ces actes sont des modes d'autres facultés distinctes. En vain voudrait-on rapporter ces opérations à une action motrice de l'ame sur les fibres du cerveau. Ces actes sont subjectifs, appartiennent à l'ame, et c'est par eux que les perceptions deviennent des conceptions; ils sont intermédiaires entre elles et la volonté. Entre la perception des choses et la perception des jugemens, il y a toujours une conception d'où découle ce jugement. (c'est ce qui est démontré plus au long dans le §. 20.) En se bornant ici à ces idées simples, nous n'avons pas à développer plus au long ce qui tient aux conceptions, lesquelles vulgairement, ainsi que nous l'avons dit, n'ont été examinées qu'imparfaitement.

Faculté relative au vouloir.

La *volonté*. Faculté en vertu de laquelle se forment les actes de volition.

Ces actes sont les déterminations de l'ame, et son action sur les fibres du cerveau. On ne peut que rappeler ici chacun à ce qu'il éprouve lorsqu'il veut.

Faculté relative à la sensibilité intellectuelle ou de l'ame, à laquelle je propose de substituer le terme de sentimentalité.

La *sentimentalité*. Faculté distincte de l'aperceptibilité et de la volonté. Elle peut être considérée sous plusieurs rapports.

a. — Son premier mode est le plaisir ou la douleur, qui accompagnent ou suivent une sensation. L'ame rapporte ce sentiment à l'organe lui-même.

b. — Le second mode est l'état jouissance et souffrance, contentement ou mécontentement. Ce sont les états de l'ame qui accompagnent les sensations, les idées, les images, alors que l'homme n'éprouve aucune action physique directe sur ses organes. L'ame ne rapporte point cet état hors d'elle-même. Jouissance et souffrance découlent sur-tout des sentimens moraux, bien loin d'en être l'origine.

c. — Crainte et désir sont le troisième mode.

d. — Viennent enfin les *sentimens moraux*, que nous distinguerons ci-après en plusieurs classes.

Sentimens primordiaux, inhérens à la nature de l'homme, que les circonstances développent ; qui ne doivent pas leur origine à des notions morales, créées par l'entendement, mais qui, au contraire, établissent ces notions morales, ces rapports moraux entre les êtres physiques ; qui ne découlent pas de la volonté, mais qui la dirigent. Les hommes, en distinguant le cœur de l'esprit, ont placé les sentimens moraux dans le cœur.

Ces sentimens, qui se développent par les circonstances, se modifient par ces mêmes circonstances.

L'aperceptibilité prend connaissance de ces sentimens, et l'entendement en forme différentes classes d'idées et de notions.

En vertu de l'unité synthétique du *moi*,

toutes ces facultés ne sont que ses différentes manières d'*être*.

Facultés du corps relatives à la cognition.

Les *sens externes*, modifiables par les objets extérieurs. *Sensibilité externe.*

Le *sens interne*, le cerveau ; le *sensorium commune* est doué,

a. — De *sensibilité*. Il est modifié par les sens externes et par l'ame.

Il modifie à son tour l'ame et les organes d'exécution.

b. — D'*imagination*. C'est le pouvoir de conserver les traces des modifications éprouvées par l'action des organes externes. Ces traces sont les *images* des sensations.

c. — De *spontanéité*. Les images qu'il a conservées sont en vertu des mouvemens des fibres rendues présentes à l'aperceptibilité.

FACULTÉS MIXTES. La *corrélation* des images aux idées, directe ou indirecte. Lorsqu'il y a identité entre l'image et l'idée, la liaison est directe. Lorsqu'il n'y a pas identité, et cependant liaison, en sorte que l'*image* renouvelle l'idée, la corrélation est indirecte. Cette liaison repose ou sur la co-existence, ou sur la succession des sensations, d'où sont résulté les images et les idées.

LA MÉMOIRE. Faculté qui peut se subdiviser
en différentes facultés secondaires, selon les
diverses manières dont elle s'exerce, mais
qui est en général la faculté de *percevoir*
et *reconnaître* les idées liées à leurs signes,
(corrélation indirecte) que ces signes soient
des sensations renouvelées ou des images.

— La sensation ou l'imagination fournissent le
signe.

— La corrélation lie l'idée au signe.

— L'aperceptibilité reconnaît le signe, puis elle
perçoit l'idée rendue active par ce signe,
d'où connaissance de l'idée.

— L'entendement établit un rapport entre le
temps actuel et le temps passé.

— La raison prononce que la sensation relative
à cette idée a déjà existé; il en résulte un
jugement de réminiscence.

Toutes ces opérations successives concourent
à l'acte qui porte le nom de *mémoire*, à
l'égard duquel nous donnerons de plus am-
ples développemens.

Si j'avais à exposer ces facultés relativement
aux idées abstraites, aux idées de modes
mixtes, etc......, je prendrais une toute
autre marche; mais ce qu'on en voit suffit
pour comprendre ce que j'appelle la doctrine vulgaire.

§. I V.

Les facultés sont mises en jeu par l'action des objets extérieurs sur nos organes ; de là différentes opérations qui naissent de leur action et réaction mutuelles, et d'où résulte la cognition et son exercice.

Nous ne considérerons que les opérations premières, par les raisons que nous avons dites.

§. V.

Opérations de l'être, en n'admettant, quant à l'ame, que les facultés aperceptibilité, idéalité, entendement et raison.

a. — Avec une sensation simple, (couleur, son, etc......)

1. *Impression* de l'objet sur l'organe externe.
Transmission de l'organe au sensorium.
Modification du cerveau.
Modification de l'ame par le cerveau.
Aperception par celle-ci de sa modification.
Aperception simultanée
  de la modification de l'ame,
  de la modification de l'organe externe,
        aperception sensation.
L'entendement établit une association, un rapport entre l'organe modifié, et le *moi* modifié, entre l'objet hors de l'organe et l'organe; l'un cause l'autre effet.
La *raison* déduit, affirme, prononce que le *moi* est modifié par un objet hors de lui, lequel est cause de la sensation.
Les actes de l'aperception (sensation,) de l'entendement, de la raison, se réunissent en un seul, qui porte le nom de *jugement.*
Ainsi, dans la sensation rapportée à sa cause, il y a déjà une conception.

On verra qu'il existe des jugemens formés dans d'autres opérations ; ce qui nécessitera de donner un nom à cette classe de jugemens qui ne se rapportent qu'à la seule sensation.

Il est évident qu'ici nous n'avons d'*objectif* que l'impression sur l'organe ; le reste découle des lois subjectives, et résulte des actes intellectuels de l'ame.

C'est ainsi que cette métaphysique populaire se rapproche du transcendentalisme, en s'éloignant de la philosophie empirique pure.

2. Dans l'aperception, l'ame peut être active ou seulement passive.

La modification de l'ame par les organes est passive ; l'aperception simple l'est ou ne l'est pas ; c'est ce qui est difficile à décider.

Lorsque la volonté s'applique à l'aperception, il en résulte un acte appelé l'*attention ;* alors l'aperception est plus claire et plus déterminée.

3. Que l'objet cesse d'agir sur les organes externes.

Les *modifications* des organes externes, du cerveau, de l'ame n'ont plus lieu, mais il en reste des *traces.*

La trace qui est dans l'ame est l'*idée.*

La trace du cerveau est l'*image.*

Celle qui est dans les organes externes est
une disposition à reproduire la sensation.
C'est une disposition à la *vision*.

Ces traces peuvent *agir* ou *non* sur l'aperceptibilité.

Quand la trace, conservée par l'idéalité,
vient à se représenter, alors l'ame a une
perception idée.

Quand c'est celle conservée par l'imagination, elle a une *perception image*.

Si c'est la modification des organes externes
qui se reproduit avec intensité, elle a une
perception vision, et elle porte un faux
jugement de présence.

Nous verrons les causes qui soumettent à
l'aperceptibilité ces traces, et dans un
paragraphe particulier, des observations
qui justifient cette triple distinction.

β. — Le même objet se représente, et agit sur
les organes.

4. *Impression* externe.

Transmission.

Modifications du sensorium et de l'ame.

Aperceptions des modifications.

Sensation.

Jugement de sensation. Jugement du premier ordre comme ci-devant, mais de plus
nous avons

L'*idée existante*, qui, par suite de la nouvelle modification de l'ame, est rendue

présente, est perçue, alors sont soumises simultanément à l'*aperceptibilité*, la sensation actuelle, le jugement qui l'accompagne, et l'idée résultante de la sensation antérieure que lui fournit l'idéalité.

L'entendement lie l'idée et la sensation, les compare, reconnaît l'analogie; et la raison conclut que c'est la même sensation qui avait déjà affecté le *moi*. Ces trois actes, réunis en un seul, constituent un *jugement de réminiscence*, dans lequel entre un jugement de sensation. Nous l'appellerons jugement de réminiscence au premier degré; reconnaissance du premier degré.

5. Si l'image de l'ancienne sensation vient à être mue par une cause quelconque, l'ame a une perception image; cette perception image rétablit la perception idée qui lui correspond : il y a un jugement de réminiscence relatif à cette image; mais il en faut un second pour que l'esprit conclue à l'existence antérieure de la sensation, origine de l'image et de l'idée.

6. La sensation actuelle, avec son jugement et l'image de l'ancienne sensation, peuvent être aperçues simultanément avec l'idée de cette ancienne sensation. Alors, après avoir eu un premier jugement relatif à la réminiscence découlant de la sensation et de l'idée, on aura un second jugement
de

de réminiscence entre la sensation actuelle, l'idée et l'image.

De cet acte résulte la connaissance au second degré. Une réminiscence qui a pour base une image, a plus de certitude que celle qui repose sur l'idée.

On voit qu'en théorie vulgaire on appelle jugemens les différens actes de l'aperceptibilité, de l'entendement et de la raison, concourant à un résultat unique, quoique, rigoureusement parlant, le jugement ne dût être que le résultat de la conception.

7. Nous avons donc eu ici

des perceptions *idées*, fournies par l'idéalité,

des perceptions *images*, fournies par l'imagination,

des perceptions *sensations*, fournies par les organes externes.

Mais la sensation et l'image sont perçues directement, et sont connaissances en elles-mêmes, tandis que l'idée n'est perçue, n'est connaissance que par sa corrélation, sa dépendance d'une sensation ou d'une image qui la réveille en vertu d'une liaison par génération ou par analogie, ou quelconque.

c—L'homme étant supposé dans l'état primitif, reçoit simultanément deux sensations *a* et *b*.

C

8. Impression, transmission, modifications du cerveau et de l'ame, aperception de ces modifications comme en *a*, *β*.

Actes de l'entendement, de la raison, de l'aperceptibilité, d'où résulte un double jugement ; chaque jugement étant relatif à une sensation, alors l'esprit a deux *perceptions sensations* distinctes. Sur cette distinction, l'entendement lie ces deux sensations, les compare, et établit des relations de grandeur, de formes ; etc.....; il associe en un sujet les deux sensations, si elles se représentent toujours simultanément, etc.....

La raison conclut, déduit, affirme que tel objet a telle ou telle qualité, etc.....

Je suppose ici que ce que l'entendement, la raison et l'aperceptibilité font pour deux sensations, elles le font pour un nombre indéfini, en introduisant des jugemens intermédiaires qui découlent les uns des autres.

(Ces actes fondent des jugemens de rapports, de liaisons, d'analogie, de différence, etc.... lesquels reposent implicitement sur des jugemens primitifs de sensation.)

9. Que les deux sensations cessent,

Les deux idées *a* et *b* sont liées dans l'ame ;

Les deux images sont liées dans le cerveau ;

Les organes externes conservent des dispo-
sitions à leur reproduction.

En vertu de cette double liaison, non-seulement chaque image est en correspondance avec son idée directe, mais elle est
liée avec l'autre idée.

L'image *a*, liée à son idée *a*, et par elle
à l'autre idée *b*, est signe de cette dernière.

De plus, chaque sensation se trouve ainsi
liée indirectement à l'autre idée, et s'en
trouve signe.

Chaque sensation est aussi signe de deux
images.

Ainsi chaque idée a une image et une sensation génératrice correspondante, et en
outre un signe sensation et un signe image.

Ces liaisons mutuelles directes et indirectes,
sont le fondement de la mémoire.

Δ — Qu'une des deux sensations se représente,
des opérations analogues à β auront lieu,
mais elles seront plus compliquées.

10. Que ce soit la sensation *a*, nous aurons
tous les actes de l'article 4, mais de plus,

Elle aura réveillé l'idée indirecte *b*, en
faisant fonction de signe.

L'esprit sera dans l'état connaissance par
rapport à cette idée.

S'il porte à l'égard de la sensation *a* un
jugement de présence et un jugement de
réminiscence,

C 2

Il porte à l'égard de l'idée réveillée *b*, un jugement de réminiscence au premier degré, un jugement de connaissance, et de plus un jugement d'absence de la sensation génératrice.

Mais la sensation *a* aura pu non-seulement réveiller son image *a*, (et porter à son égard un jugement de réminiscence au second degré) mais aussi l'image *b*.

L'esprit aura alors toutes les perceptions relatives à *a* et leurs jugemens, mais de plus l'idée et l'image *b*.

De là résultera une connaissance au second degré.

L'esprit prononcera avec encore plus de certitude sur l'existence antérieure de la sensation *b*.

La raison s'emparant de ces divers jugemens de sensation, de réminiscence et d'absence, en tirera une nouvelle conclusion ; c'est l'existence dans le temps et dans l'espace, mais hors de l'action de ses organes, d'un objet propre à lui procurer la sensation *b*.

Ces différens actes des facultés intellectuelles et corporelles réunis en un faisceau, porteront communément le nom de *jugement* de *croyance*.

Quand on dit que l'on croit, on porte un jugement découlant de plusieurs autres, reposant ou sur les idées ou sur les images renouvelées.

Le jugement reposant sur les images a plus de certitude.

Il arrive aussi qu'on croit sur des analogies entre des faits actuels et ceux que l'imagination présente et que l'entendement compare ; mais ceci est une opération déjà infiniment compliquée, et que nous n'exposerons pas ici.

Il est aussi des jugemens de réminiscence, d'absence et de croyance qui découlent de la *sentimentalité*. L'analyse qui nous les ferait reconnaître, exige des aperçus très-fins, qui n'entrent pas dans notre plan.

Jugement de prévoyance. Les idées étant liées entre elles , ainsi que les images , et l'esprit ayant été dans des états sensation , analogues à ces liaisons d'idées et d'images, si des circonstances particulières viennent , par les sensations, à réveiller quelques-unes de ces idées ou de ces images, l'esprit vient à percevoir toutes leurs suites ; alors la raison conclut que les sensations qui leur correspondent vont suivre les premières sensations. Cet acte de la raison et de l'entendement est un *jugement* de *prévoyance*, lequel repose implicitement sur bien d'autres jugemens.

Si les sensations ne se représentent pas , il

s'ensuit différens sentimens, *surprise*, re-
grets, etc.....

11. L'on vôit qu'ayant deux images et deux
idées,

La sensation *a* peut réveiller son idée *a*,
et l'idée *b* qui se trouve liée avec elle;
d'où résulte pour celle-ci une réminiscence
au premier degré.

Qu'ensuite l'idée *b* peut réveiller son image *b*,
et l'esprit portera un jugement de réminiscence au second degré.

Ou la sensation *a* réveille l'idée *a*, l'image *b*,
et celle-ci l'idée *b*.

Ainsi de suite toutes les combinaisons qu'on
peut faire avec 6 choses prises 2 à 2,
3 à 3, etc.....

D'où résulteront d'autres actes plus ou
moins multipliés.

12. Lorsque les images sont réveillées par leurs
idées liées ou directes, il y a ordinaire-
ment une réaction de l'ame sur le cerveau,
un acte de la volonté.

13. Un signe peut réveiller non-seulement son
idée liée, mais plusieurs autres idées liées
à celles-ci : alors l'ame perçoit ces idées ;
mais comme elles ne tiennent pas à des
signes (images) ou à leurs images directes, l'esprit n'a qu'une connaissance
confuse ; alors il fait effort sur le cerveau
pour que celui-ci rétablisse ou les images

signes, ou les images directes qui leur
appartiennent ; d'où résulte alors une
connaissance claire et positive.

14. Si on voulait approfondir les différens jugemens que porte l'esprit dans tous ces cas,
cela nous conduirait à des détails fastidieux pour le lecteur.

15. Des causes particulières peuvent avoir dé-
truit les images ou leurs liaisons dans le
sensorium ; alors les idées s'étant conservées liées, on se trouve dans cet état qui
n'est pas rare, ou l'on fait de vains efforts
pour reproduire l'état perception images,
soit signe, soit direct.

16. Nous venons de développer quelques-uns des
actes qui constituent la *mémoire* ; nous
voyons donc que dans la mémoire,

Les sensations ou l'imagination donnent
les signes.

L'idéalité donne les idées directes correspondantes aux signes, et les idées indirectes pour lesquelles la sensation ou
l'image font fonction de signes.

Que l'entendement et la raison portent
différentes espèces jugemens, d'où résulte
la connaissance au premier degré.

Mais la simple liaison de la sensation *a*
et de son image, et de celle-ci avec
l'image *b*, ne sont pas des actes de la
mémoire, parce qu'il faut toujours que

C 4

l'idée intervienne pour qu'il s'en suive un jugement de réminiscence, et que celui-ci fait partie de l'acte appelé *mémoire*.

17. Maintenant, si nous récapitulons, il sera évident

Qu'il y a dans l'ame une suite d'idées liées entre elles ;

Que dans le cerveau existe de même différentes suites d'images liées entre elles ;

Que de plus les images sont liées à leurs idées directes , et à des idées indirectes dont elles sont alors signes ;

Qu'en réveillant les idées directes , elles réveillent les indirectes ; que l'ame entre dans l'état perception image et idée pour les premières, et état perception idée pour les secondes ; qu'il en résulte une connaissance positive quant au signe, et connaissance au premier degré quant à l'idée qui lui est liée indirectement ;

Que l'esprit peut arriver à la connaissance positive par acte de la volonté, en agissant sur le cerveau , qui reproduit l'image correspondante ;

Le mot *rose* que me présente l'imagination, est perception image et idée quant aux lettres, et réveille l'idée indirecte de cette fleur , dont j'ai ensuite l'image si je le veux ;

Qu'ainsi tout état idée perçue est précédé

ou accompagné d'une perception sensation
ou image ;

Que de ces différens états de l'aperceptibilité
résultent différens actes de l'entendement
et de la raison , lesquels constituent différentes classes de jugemens ; ce qui forme
nos conceptions ;

Qu'enfin les organes externes , internes
et l'ame , après avoir été modifiés par les
objets extérieurs , conservent entre eux
des rapports relatifs à ces modifications ,
d'où résulte l'harmonie de l'être en lui-
même et avec les choses de la nature ;

Et que de cette harmonie résulte la connaissance et la science de l'homme.

18. Nous porterions cet examen des opérations
de l'homme plus loin , si le transcendentalisme n'était pas venu prescrire d'autres
lois à la cognition.

D'ailleurs, le lecteur qui se complaît dans
ces matières, pourra le faire lui-même,
et les autres nous saurons bon gré d'abréger.

§. V I.

*Opérations intellectuelles avec les facultés
aperceptibitité , idéalité , entendement ;
volonté.*

Lorsque la volonté intervient dans les trois
classes d'opérations , *α* , *β* , *c*.

Elle rend l'aperceptibilité plus active , et il
en résulte l'acte qui porte le nom d'*attention*.

En réagissant sur le cerveau , elle met en jeu
l'imagination ; alors celle-ci présente ses images
à l'aperceptibilité.

Lorsque l'entendement et la raison ont porté
des jugemens , l'ame *veut* et *agit.*

Elle agit sur le cerveau , et par-là sur les organes musculaires.

Les discussions sur la volonté et la liberté ont
été très-épineuses pour les philosophes de toutes
les écoles et de tous les temps.

Locke, Condillac., Bonnet sont les écrivains
de l'école empirique qui ont examiné cette matière avec le plus de soin ; mais leurs opinions
sont très-divergeantes.

Le peuple s'est borné à dire, *je suis libre ,*
je le sens , *je veux*, je le sens de même..... Et
ce serait le cas de s'écrier :

> *Le bon sens du Maraud quelquefois m'épouvante.*
>   Métromanie.

Le transcendentalisme peut seul donner une
solution satisfaisante.

§. VII.

*Opérations intellectuelles avec l'aperceptibilité,
l'entendement, la raison, l'idéalité et la
sentimentalité.*

D ANS les opérations précédentes,

A la sensation, se trouve joint le premier
mode de la sentimentalité, lequel est un mode
mixte, *plaisir* et *douleur*, résultant de l'état de
l'organe physique et de la sentimentalité.

Aux jugemens de prévoyance et *d'évi-
dence*, *et autres*, sont joints les seconds modes
de cette faculté, savoir, *crainte* et *désir*.

Ces deux sentimens ne naissent en aucune
façon de la volonté appliquée aux traces de
l'imagination.

Ce sont des sentimens primordiaux appliqués
aux actes de la cognition.

Les états *jouissance* et *souffrance* de l'ame,
contentement ou mécontentement, joie et tris-
tesse, troisième mode de la sentimentalité, sont
dus à différens actes de la cognition, et suivent
ou accompagnent les sentimens moraux et n'en
sont point l'origine, ils peuvent les développer.
Mais jouissance et souffrance appliqués à des
notions de l'entendement, ne constituent pas
ces sentimens.

Enfin, aux différentes relations et combi-

naisons des êtres physiques , soumis aux actes
de la cognition , et devenus par eux des idées ,
des connaissances , des notions , s'unissent les
sentimens moraux. On peut les diviser en plusieurs ordres , nous en reconnaîtrons trois ,
savoir ,

1.º Le sentiment du bien et du mal , du vice
et de la vertu , des devoirs , etc.....

Lois de la conscience.

2.º Les affections du cœur , amour , haine ,
pitié , colère , orgueil , vengeance , etc.....

Les unes découlent des autres , et elles sont
l'origine des passions.

3.º L'amour du beau , du sublime , le besoin
de l'élévation , de la perfection , etc.....

Ces sentimens moraux sont des lois primordiales de notre être , des modes de la sensibilité
de l'ame.

Ils se développent par les actes de sa cognition.

Ils lient tous les êtres physiques entr'eux par
des lois morales , ils ne naissent nullement de la
volonté , de l'aperceptibilité appliquées à la connaissance des rapports des êtres physiques et des
notions , ainsi que le prétend l'école empirique.

Lorsque les différens modes de la cognition les
ont développés , alors l'aperceptibilité s'y applique , les reconnaît , et par différens actes de
l'entendement et de la raison , l'esprit les transforme en conceptions , qu'il range sous différentes
classes , auxquelles il donne des noms , et qu'il

confie à l'idéalité ; c'est alors qu'ils se transforment en idées.

Lorsque ces sentimens sont actuels, la volonté en découle ; bien loin qu'elle les crée, ce sont eux qui la dirigent.

L'école empirique a confondu la volonté appliquée aux *idées de ces sentimens* avec ces sentimens eux-mêmes. Erreur fondamentale.

Cette théorie vulgaire sur les sentimens moraux pourrait être appellée transcendentale, en la comparant à la doctrine qui voit dans le plaisir et la douleur physique, l'origine de toute morale et de tout sentiment.

Sans doute que le plaisir et la douleur, la crainte et le désir sont des causes occasionelles du développement des sentimens moraux, mais ils n'en sont nullement les causes génératrices, pas plus que les états jouissance et souffrance de l'ame, qui, au contraire, les suivent ou les accompagnent.

§. VIII.

Sur les idées.

ON demandera peut-être comment il se fait que l'ame étant une substance simple, elle puisse avoir une suite de traces, de modifications co-existentes, des idées.....?

Si vous concevez la co-existence d'un certain nombre de modifications dues à des sensations ou à des images, pourquoi ne pas concevoir la co-existence des traces de ces mêmes modifications?

Savons-nous bien ce que c'est qu'un être simple? En avons-nous dans l'école empirique d'autres notions que des notions négatives?

La simplicité de l'ame peut-elle s'assimiler à la simplicité d'une molécule?

Le simple et le composé existent-ils dans la nature? Ne sont-ce pas des manières de voir de notre entendement?

Il est une autre difficulté plus grande à résoudre, c'est de concevoir comment les traces des modifications, les idées existantes dans l'ame ne sont pas continuellement soumises à son *aperceptibilité*.

On conçoit que les images du cerveau n'étant point toujours en mouvement, peuvent exister sans être perçues ; mais comment ce qui est dans l'ame n'est-il point aperçu par elle.... ?

Je soupçonne que c'est cette considération qui a déterminé quelques métaphysiciens à ôter les idées à l'ame et à les transporter dans le cerveau, et à les confondre avec les images.

Je l'ai dit, la doctrine que j'expose ne m'appartient pas ; je vois les phénomènes tels que vulgairement on les voit ; je ne les explique pas.....

Les lois subjectives de l'entendement et de la sensibilité lèvent toutes les difficultés qui arrêtent l'empirisme (*) ; mais il est certain que celui-ci ne peut confondre les idées et les images. Lorsque le mot *or* se présente à ma vue, j'ai une perception sensation pour les deux lettres qui le composent, et tous les hommes ont cette perception ; mais ces lettres réveillent pour les uns une idée, et pour les autres elles n'en réveillent aucune. Cette idée est la connaissance de la valeur de ce mot. J'ai l'idée de l'*or*, sans que mon imagination me représente la couleur de ce métal, sa pesanteur, etc......

Si je veux une connaissance plus complète, alors je redescends à des perceptions images relativement à sa couleur, sa pesanteur, etc.....; mais ces perceptions images ne viennent qu'après l'idée ; on ne peut donc pas les confondre ainsi que l'ont fait les métaphysiciens de l'école empirique.

(*) Dans le §. X on a essayé une solution empirique de cette difficulté.

§. I X.

Sur les facultés.

Locke, en reconnaissant différentes facultés dans l'ame, observe, avec raison, que ce ne sont pas des êtres distincts, mais le simple pouvoir qu'a l'ame de se modifier en différentes manières.

L'ame entre dans l'état volonté ; elle a donc la propriété, la faculté de vouloir ; mais cette faculté est une idée abstraite, et non un être existant.

Lorsque je dis : le fer est ductile, j'en conclus que la ductilité est une des propriétés, une des facultés du fer, mais non un être réel existant dans le fer.

Cette observation est empirique, elle découle de la notion de partie et de tout, que nous croyons exister dans les choses, et elle doit s'appliquer à la division que nous avons donnée des facultés de l'ame.

Quelques métaphysiciens, (Bonnet entre autres) afin de conserver à l'ame sa simplicité, l'ont regardée comme un être seulement actif et passif.

Mais l'ame entre simultanément dans des états actifs et passifs : si elle entre dans deux états,

pourquoi

pourquoi ne pourrait-elle pas avoir plusieurs manières d'être, distinctes, simultanées, et par conséquent avoir d'autres facultés que celles de percevoir et vouloir ?

Ce raisonnement est destiné à appuyer empiriquement la théorie vulgaire.

D

§. X.

Autre considération sur les idées.

L'AME ayant eu la perception *sensation rouge*, est dans l'état connaissance à l'égard de cette couleur.

La trace qu'a laissé la modification occasionée par la couleur, est l'idée rouge.

L'idée sera donc l'état connaissance, moins l'état primitif.

Tant que l'ame est dans l'état primitif, elle est dans un état d'existence vague, indéfini : or, quoique dans l'état connaissance, lorsque le sensorium n'exerce aucune action sur elle, elle rentre dans cet état vague, indéfini ; mais si le sensorium vient à agir et à offrir une sensation ou une image, l'ame passe de l'état connaissance vague, indéfini, illimité, à l'état connaissance fini, sentant, limité ; et si ces sensations ou ces images sont liées à l'idée directement ou indirectement, l'ame perçoit sa propre idée et son état connaissance.

Si l'on pouvait se permettre un rapprochement entre des faits essentiellement différens, je comparerais les traces ou les idées existantes dans l'ame, comme une suite de zéros o, o, o, o, etc.... dont la valeur est nulle en elle-même, et dont la somme totale est toujours o, pris deux à deux, trois à trois, etc......; mais si devant ces différentes suites de zéros on place différentes collections d'unités, alors ces zéros prennent une valeur réelle, et en donnent aussi une particulière à ces unités. Les signes sont les chiffres, et les zéros sont les idées. Si l'entendement conçoit des valeurs nouvelles, formées par les chiffres et les zéros, l'ame perçoit et la valeur du signe en lui-même, et sa valeur nouvelle, lorsqu'il se trouve joint à son idée.

D 2

§. XI.

Autre considération sur les idées.

Sɪ on se refusait à la co-existence des traces ou des idées distinctes dans l'ame, à raison de l'unité de celle-ci, on se verrait alors nécessité à admettre que l'ame ayant parcouru successivement différens états, l'état actuel résulte de tous ces états antérieurs, et que dans son unité il se composerait néanmoins de toutes ces modifications précédentes.

Le mot idée recevrait en conséquence une acception différente. Les idées formeraient une classe d'êtres, abstraits en dehors de l'ame, mais soumis à notre cognition par l'intervention des signes. Je m'explique.

L'ame ayant éprouvé successivement les perceptions rouge, vert, jaune, etc....,

Son état actuel résulte de ces perceptions successives, mais il n'est qu'un, il n'est pas composé d'autres états, parce que les impressions des sensations ne se sont pas conservées chacune à part.

Le changement qu'a produit la sensation rouge, rapporté à l'état primitif, sera l'*idée rouge*. Cette idée est un simple rapport abstrait.

La sensation vert ayant succédé, le rapport de l'état après la sensation vert à l'état primitif, moins le rapport de l'idée rouge , sera l'idée vert. Ainsi de suite pour tous les états successifs ; et comme chacun dépend des antérieurs, il les contient implicitement.

Les idées seront donc des rapports abstraits hors de l'ame , non entre ses états successifs, mais entre les changemens partiels dus à chaque sensation et l'état primitif.

Du moment où les idées sont des rapports abstraits , elles n'ont d'existence que par leurs signes directs ou indirects , soit images , soit sensations.

Lorsque ce signe se représentera, comme l'état de l'ame est *un* , et cette unité étant connaissance , et renfermant implicitement un état antérieur, analogue à l'idée liée au signe , ce sera en vertu de cette analogie que l'ame percevra l'idée simultanément avec son signe , et que les actes de reminiscence et de reconnaissance auront lieu.

Mais il faut convenir que des considérations aussi subtiles sont indignes de toute bonne métaphysique, et prouvent les grandes difficultés que l'on a à surmonter lorsqu'il s'agit d'expliquer empiriquement nos opérations intellectuelles , et par conséquent la nécessité de recourir à une doctrine qui, reposant sur des lois subjectives de l'aperceptibilité, fasse disparaître ces distinctions de tout et de partie, de simple et de composé , d'ame et de matière , d'esprit et de corps.

§. X I I.

Vues sur un siége physique de la sensibilité morale. (Sentimentalité.)

QUAND des sentimens, comme la crainte, le désir , la fureur , l'amour , etc. .... ou des sensations, comme celles qui naissent des beaux arts et sur - tout de la musique , viennent à nous affecter profondément , non - seulement nous apercevons un ébranlement général dans tout le corps , mais il est., en-dedans de nous et près de la région du cœur , un ébranlement plus vif et qui nous jette dans l'état appelé émotion ; aussi le vulgaire a-t-il placé le siége des sentimens dans le cœur.

Les physiologistes , qui depuis long-temps ont examiné ce fait , ont placé la cause de nos émotions dans certains plexus de nerfs avoisinant le cœur. Ils ont donné à ces plexus différens noms. Parmi les métaphysiciens , Bonnet est le seul qui ait parlé de l'influence de ces plexus.

On pourrait appeler la région de notre corps qui correspond si vivement à tous nos sentimens , le *centre physique des émotions.* Ce centre physique a des rapports directs avec les sens et le cerveau.

Il est influencé directement par les sens , et il les influence.

Il est influencé par le cerveau , et il l'influence.

Son action sur l'ame paraît le plus souvent s'établir par l'intermédiaire du sensorium, mais il a quelquefois des effets si rapides, si instantanés , qu'il semble agir directement sur la sensibilité morale , sans qu'aucune des facultés relatives à la cognition leur serve d'intermédiaire.

La musique et les sons en général, qui tiennent de si près aux sentimens , semblent les susciter quelquefois par la seule action du centre physique sur la sensibilité morale. Au contraire , la peinture développe les modes de la cognition avant que de nous émouvoir.

La cause physique des combats intérieurs entre la raison et les passions, ne serait - elle pas l'action simultanée du sensorium et du centre physique des émotions influençant l'ame en sens contraire ? Ceci n'est qu'un simple soupçon, et nullement une opinion fondée sur des observations exactes et précises.

Tandis que la raison nous retrace les tableaux et les idées qui nous font reconnaitre le ridicule ou les dangers attachés à la passion qui nous domine , le centre physique, sur-tout quand il s'agit des affections tendres étant dans un ébranlement continu, nous enlève la force de prendre une résolution ferme, nous ramollit, et excite dans le cerveau le réveil de toutes les images propres à nourrir cette passion , images avec lesquels ses ébranlemens antérieurs se sont trouvés liés par leur co-existence à d'autres époques.

Pour bien reconnaître cette double action du sensorium et du centre physique, il faut être affecté soi-même d'une passion tendre, et que cette passion soit fluctuante et n'ait encore acquis qu'un certain degré d'intensité.

La mélancolie semble sur-tout être due à une grande disposition du centre physique des émotions à conserver un ébranlement habituel, lequel ébranlement détermine le sensorium à présenter à l'ame des images propres à nourrir les affections tendres et tristes.

§. X I I I.

Il est assez curieux de comparer les différentes
acceptions qu'attachent les hommes aux mêmes
mots ; et comme l'a très-bien remarqué Locke,
c'est-là une des sources les plus fécondes des
discussions, et du peu d'accord qui règne dans
les opinions. On serait porté à croire que de
tous les hommes, ceux qui doivent avoir apporté
la plus sérieuse attention à donner à leurs termes
et à leur langue une précision rigoureuse, ce
sont les métaphysiciens ; mais, quand on rapproche leurs différens systèmes, on s'aperçoit
du contraire, et l'on remarque,

1.º Que le même métaphysicien applique, le
plus souvent, dans le cours de ses ouvrages,
des acceptions très-différentes aux mêmes termes,
sur-tout dans les développemens secondaires de
sa théorie. Tels sont entr'autres, ceux d'idées,
de réflexion, de raison, de jugemens, etc.....
La comparaison des différentes acceptions
données au même mot par le même métaphysicien, est un excellent moyen d'approfondir
et de juger son système ;

2.º Que chaque métaphysicien trouvant dans
sa langue des mots tout faits, s'en empare,
et les détournant de l'acception vulgaire, s'en
sert en leur donnant une signification nouvelle,

cependant, plus ou moins analogue à la première ;

3.º Que les métaphysiciens ayant chacun des systèmes différens, et se servant des mêmes termes, l'un a dit : le jugement est ceci ; l'autre a dit : non, le jugement est cela ; celui-ci, la raison est cette faculté qui, etc. ... ; l'autre, non, pas du tout, la raison est, etc... ; d'où sont nées des oppositions et des contradictions tout-à-fait vaines.

C'est donc bien à tort que l'on reprocherait à un auteur qui créerait un système sur le moi humain, de se servir de mots nouveaux, déduits seulement de la langue par analogie, lorsqu'il amènerait ses lecteurs à trouver, en s'examinant eux-mêmes, ce que sont ces mots. De plus, il faudrait, pour toutes les opérations secondaires, créer des mots dérivés de la combinaison des premiers, ainsi de suite. On commencerait par crier à la barbarie, à peu près comme on l'a fait pour la chimie et pour la botanique ; mais travaillerait-on pour les savans et non pour les littérateurs, auxquels on abandonnerait le domaine des mots et de leurs acceptions vagues, tels qu'ils existent maintenant ?

Nous avons cherché à nous rapprocher, autant que possible, des acceptions vulgaires données aux mots ; mais ce travail est plus épineux qu'on ne pense, et comme au fond nous attachons peu d'importance à un système qui n'a qu'une vérité relative et empirique, et qui n'a été exposé que pour opposer le vulgaire aux métaphysiciens ; nous ne combattrons point pour soutenir l'acception donnée à ces mots.

Puisque la langue des métaphysiciens a si peu de certitude, que sont donc leurs systèmes, leurs théories ?....

Qu'a été jusques à ce jour une science où chacun a une opinion différente des autres, sans être trop sûr de la sienne propre ?...

§. X I V.

Sur Locke.

Une analyse méthodique de l'Essai sur l'entendement humain de Locke est presque impossible, il faudrait commencer par refaire l'ouvrage en entier. Quoique divisé par livres , chapitres et paragraphes , un des principaux défauts de cet ouvrage c'est l'absence de l'ordre. Il n'y a aucun enchaînement dans les matières, et ce qui est conséquence précède souvent ce qui est principe. On jugerait, en commençant , que les vingt - un premiers chapitres du livre second , contiennent les bases fondamentales de sa doctrine ; mais ensuite on voit paraître dans le quatrième de nouvelles facultés à savoir , le jugement et la raison , lesquelles sont toutes aussi nécessaires à l'acquisition de nos connaissances premières , que celles dont il a traité dans ses premiers chapitres.

Ne pouvant faire une analyse régulière de cet ouvrage , on se bornera à considérer sa doctrine sous quatre points de vue différens. Nous exposerons donc ,

1.° Quelles sont les facultés qu'il a reconnues dans l'homme et les opérations qui en découlent ;

2.° Quelle est la manière dont nous acquérons

nos connaissances d'après l'exercice de ces facultés ;

3.º Quelle est sa théorie des sentimens moraux;

4.º Enfin, quelques-unes des opinions de ce grand métaphysicien sur les corps, l'espace et le temps.

Comparer méthodiquement cette doctrine à la doctrine vulgaire que nous venons de développer, n'entre pas dans notre but. Le lecteur pourra faire lui-même cette comparaison. Je ne fais pas un livre , mais je présente quelques observations propres à faire reconnaître combien peu sont satisfaisantes les connaissances que nous donnent sur l'homme les métaphysiciens de l'école empirique (*). A mesure que le sujet l'exigera , je présenterai des observations critiques, lesquelles seront déduites, non des principes de la philosophie transcendentale , mais des principes mêmes de la philosophie empirique.

L'ouvrage de Locke est d'un profond penseur, et il fait beaucoup penser ; toutes les parties secondaires de la métaphysique , toutes les parties où il se borne à l'exposition des phénomènes sont traitées avec une grande sagacité;

_____

(*) On pourrait nous reprocher de repéter bien souvent cette même idée , c'est un défaut de l'école ; dans les deux cents pages de ses Prolégomènes, Kant repète presque à chacune d'elles, que les corps ne sont pas en eux-mêmes tels que nous les apercevons.

mais dès qu'il veut remonter à leur explication
et à l'analyse des opérations intellectuelles, il
devient confus et très-obscur.

a. 1.° *Facultés de l'homme, et opérations qu'il
exécute à l'aide de ces facultés.*

Locke n'a qu'imparfaitement distingué les
facultés des opérations qu'elles engendrent, les
facultés de leurs modes, les facultés que nous
ne pouvons résoudre en d'autres, et que l'on
peut regarder comme primitives de celles qui
ne sont que secondaires, et qui sont subordon-
nées aux premières.

Il n'a point coordonné ces facultés entr'elles,
en les présentant dans un cadre unique, où
l'esprit pût les embrasser d'une seule vue. Il ne
démontre nullement la nécessité de leur préexis-
tence, en développant dans une marche régulière les phénomènes qui nous conduiraient à les
reconnaître, ainsi que l'a fait Charles Bonnet.
En développant son système sur la manière dont
nous acquérons nos connaissances, on dirait qu'il
ne vient à parler d'elles que par circonstance
et par hasard.

On ne sera donc pas surpris de trouver dans
cette exposition des facultés et des opérations
intellectuelles, ni précision, ni ordre, ni méthode, puisque l'auteur ne s'y est pas astreint,
et que notre but est de montrer, par cela même,
le vague, l'incohérence et la confusion de ses

principes, et sur-tout de faire voir à ses sectateurs, qui trouvent que dans son ouvrage tout
est clair, tout est simple, tout est expliqué,
qu'au contraire, tout y est de la plus grande
obscurité.

Car il est des hommes qui s'imaginent comprendre un auteur lorsque celui-ci s'est servi de
termes auxquels ils attachent une acception
vague et indéterminée; et comme ils ne s'avisent
pas de le comparer à lui-même, et de réfléchir
sur l'ensemble de son système, ils ne peuvent
reconnaître que ce qui leur paraît fort clair,
pris isolément et phrase par phrase, devient
absurde et incompréhensible par rapport au
tout.

La critique de la raison pure, qui est au
contraire un chef-d'œuvre de logique pour l'enchaînement des principes et la clarté des expressions, leur paraîtra obscure, parce qu'ils attri-
bueront les difficultés que présente son étude,
non à la faiblesse de leur entendement et à la
matière en elle-même, mais à des expressions
et à des mots qui leur paraîtront nouveaux,
dont quelques-uns le sont en effet et doivent
l'être nécessairement dans une science que l'on
crée.

L. 2, chap. 1, §. 4.

La sensation. «Lorsque les sens sont frappés
par des objets extérieurs, ce que nous éprouvons
est une sensation.»

L. 2, chap. 1, §. 4.

La perception « est la faculté par laquelle l'ame a connaissance des objets extérieurs, et reçoit les sensations. »

Chap. 6 , §. 2.

« La perception est la puissance de penser. »

Chap. 9 , §. 1.

« La perception est la première faculté de l'ame, qui est occupée de nos idées. » Or, Locke défini les idées, chap. 8 , §. 8, comme suit :

» « J'appelle idées, tout ce que l'esprit aperçoit
» en lui-même, toute perception qui est dans
» notre esprit lorsqu'il pense. J'appelle idées,
» la blancheur, la rondeur, en tant qu'elles sont
» des perceptions qui sont dans l'ame. »

Locke confond ici les idées , leur perception, la perception des sensations , la faculté de percevoir , l'acte de percevoir , la faculté générale de penser , et la perception en elle-même.

Il ajoute :

» « La perception est aussi la première et la
» plus simple idée que nous recevions par le
» moyen de la réflexion. Quelques-uns la dé-
» signent par le nom général de pensée, comme
» ce dernier mot signifie souvent l'opération de
» l'esprit sur ses propres idées , lorsqu'il agit
» et qu'il considère une chose avec un certain
» degré d'attention volontaire..... »

Et chap. 21 , §. 5.

« La perception que nous regardons comme

» un

» un acte de l'entendement, peut être distingué
» en trois espèces, 1.º perception des idées dans
» notre esprit ; 2.º perception de la signification
» des signes ; 3.º perception de la liaison', ou
» opposition de la convenance ou disconvenance
» qu'il y a entre quelqu'une de nos idées. »

Je m'arrête ; tant de vague, d'incohérence
à l'égard d'une faculté aussi importante que
l'aperceptibilité, lasserait le lecteur ; il suffit ici
d'opposer Locke à lui-même, pour faire voir
que ce métaphysicien, qui a fait un chapitre
sur les idées claires, les idées confuses et sur
les erreurs occasionées par les acceptions incer-
taines données aux mots, n'a nullement mis en
pratique ses propres règles. Ce sont cependant
ses propres sectateurs qui osent accuser Kant
d'obscurité.....!

L'entendement.

L. 2, ch. 1, §. 4. « L'entendement reçoit les
» idées.

» La réflexion est la connaissance que l'ame
» prend de ses différentes opérations, par où
» l'entendement vient à s'en former des idées. »

» Les opérations sont les actions de l'ame
» concernant ses idées. »

§. 8. « L'entendement est aussi doué de ré-
» flexion. »

Ch. 6, §. 2. « L'entendement est une faculté ;
» c'est la puissance de penser. »

Voilà donc l'entendement faculté de recevoir

E

les idées, résultat des opérations de l'ame, et de
connaître ces opérations elles-mêmes, confondu
avec la perception, laquelle est à la fois la première faculté qui s'occupe des idées, et la plus
simple des idées reçues par la réflexion ; la réflexion étant la connaissance que l'ame prend
de ses différentes opérations, par où l'entendement vient à s'en former des idées.....!

On ne sait plus ce que c'est que l'entendement, ce que c'est que la perception, ce que
c'est que la réflexion, ce que sont les opérations
et les idées.

Pour moi je ne m'étonne plus, étant encore
jeune et peu versé en métaphysique, d'avoir
admiré, comme font encore tant de gens, la
profondeur de Locke.

L'attention.

L. 2, ch. 1, §. 8. Locke parle ici de l'attention pour la première fois, et laisse entendre
que c'est un mode de la réflexion active ; mais
il n'en parle qu'en passant et comme par hasard.

Ch. 19, §. 1. « Lorsqu'on réfléchit sur les
» idées qui se présentent d'elles - mêmes,
» et qu'on les enregistre dans sa mémoire, c'est
» attention. »

Mais qu'est-ce que réfléchir sur les idées.....?
est-ce l'exercice de la réflexion......? Or, la
réflexion n'est que la connaissance que l'ame
prend de ses différentes opérations, par où l'entendement vient à s'en former des idées.

Je me borne à opposer Locke à lui-même.
L'imagination et la mémoire.

L. 2 , ch. 1 , §. 20. « Ce sont les moyens de
» conserver, d'augmenter nos idées. »

Locke, dans ce chapitre, se borne à en parler
en passant et comme par hasard.

Ch. 10. « La mémoire est la puissance de
» rappeler et de ranimer dans l'esprit les idées
» qui avaient été éloignées de sa vue, ou la
» puissance de réveiller les perceptions qu'il a
» eues avec un sentiment qui le convainc qu'il
» a eu auparavant ces sortes de perceptions.

» L'imagination consiste à avoir toutes prêtes,
» dans l'occasion, les idées dont on a besoin. »

Je demande si, lorsque j'ai eu des perceptions
de sensations , je réveille ces perceptions......?

Quel est le mécanisme de la mémoire? quel
est l'usage des signes dans cet acte.....?

L'imagination n'est ici que l'exercice de la
mémoire ; or, l'homme le plus grossier distingue
très-bien ce qu'il imagine , les images dont il a
la perception , d'avec les idées qu'il a de ces
choses, et qui sont réveillées par les signes. On
ne peut confondre la mémoire et l'imagination ;
on ne se lasse pas d'admirer la sublime profondeur des philosophes, et leur élévation au-dessus
du vulgaire.

Le raisonnement.

L. 2 , ch. 1 , §. 20. « C'est une manière de
penser. » C'est ici que pour la première fois il

E 2

est question du raisonnement, et Locke se borne
à dire : le raisonnement est une manière de
penser...... Mais d'où découle le raisonnement ?
comment se forme un raisonnement........? Le
raisonnement semblerait devoir être l'exercice
de la faculté *raison* : or, voici ce qu'est la *raison*.

L. 4, ch. 17, §. 1.

« La raison est une *faculté* par où l'on sup-
» pose que l'homme est distingué des bêtes. La
» connaissance consistant dans une perception
» de la convenance ou disconvenance de nos
» propres idées, la raison est encore nécessaire
» pour étendre cette connaissance et pour régler
» notre assentiment ; car la raison a lieu et dans
» ce qui appartient à la connaissance et dans
» ce qui regarde l'opinion ; elle est nécessaire
» et utile à nos autres facultés intellectuelles,
» et elle constitue deux de ces facultés, à savoir,
» la sagacité et la faculté d'inférer ou de tirer
» des conclusions. »

Dans ce même §. Locke achève d'exposer
complètement ce qu'il appelle raison ; mais
souvent il la confond avec les facultés qu'il a
appelé jugement, comparaison des idées et distinction des idées, et il ne sait pas faire voir
comment, si la raison est une faculté première,
elle se lie aux autres facultés pour former des
opérations, d'où résultent ces actes secondaires,
auxquels il a donné le nom de facultés, et il
confond sans cesse les actes purs de la raison

avec les actes qui découlent de son alliance avec
d'autres facultés. Je parle dans sa propre doctrine.
Il suffit d'ailleurs de lire ce que nous venons de
transcrire, pour voir qu'il n'avait donné à cette
faculté aucune attribution précise.

La contemplation.

L. 2, ch. 10, §. 1. « Est l'opération par laquelle
l'ame conserve l'idée qu'elle a reçu pendant
quelque temps. »

D'abord, autre chose est de conserver l'idée,
autre chose est de conserver l'image, autre chose
la perception de la sensation. En vertu de quoi
l'ame conserve-t-elle cette idée? comment cela
a-t-il lieu....? Autre chose est la conservation
de l'idée; autre chose est son aperception....;
mais tout cela est confondu, et tout cela à la
grande satisfaction sans doute de ceux qui aiment
la *simplicité* en métaphysique.

La distinction des idées.

L. 2, ch. 11, §. 1. « Il est une autre faculté
» que nous pouvons remarquer dans notre esprit;
» c'est celle de discerner ou distinguer ses diffé-
» rentes idées. »

Qui ne voit que la distinction des idées est
un simple mode de l'aperceptibilité...., et non
une faculté distincte?

La comparaison « est une opération de l'es-
» prit sur ses idées, qu'il compare entre elles
» par rapport à l'étendue, au degré, au temps,
» au lieu, etc..... »

E 3

L. 2 , ch. 11 , §. 4.

La composition des idées.

L. 2 , ch. 11 , §. 6. « C'est l'opération par
» laquelle l'esprit joint ensemble plusieurs idées
» simples, reçues par la réflexion ou la sensation
» pour en faire des idées complexes. »

L'abstraction.

§. 9. « L'esprit rend générales les idées par-
» ticulières qu'il a reçues par l'entremise des
» objets particuliers, ce qu'il fait en considérant
» ces idées comme des apparences séparées de
» toute autre chose et de toutes les circons-
» tances qui font qu'elles représentent des êtres
» particuliers actuellement existans..»

Voilà plusieurs opérations de l'esprit ; mais
à quelle faculté se rallient-elles? quelles sont
leur analogie , leur mécanisme ? combien de
développemens à donner sur ces différentes opé-
tions......!

On dirait que Locke, trouvant des mots dans
la langue, se borne à en donner une explication
à mesure qu'ils se présentent à son esprit ,
et vient à en former ensuite une espèce de
dictionnaire.

Car dans son ouvrage toutes ces opérations
et ces facultés ne sont pas plus coordonnées
entre elles que dans l'exposition que nous en
donnons.

La réminiscence.

Ch. 19. « Lorsque l'esprit tâche de se rappeler

» une idée, et qu'après quelque effort il la trouve,
» il se la rend présente ; c'est la *réminiscence.*»

Vulgairement parlant, la réminiscence est ce sentiment intérieur qui nous fait reconnaître que nous avons déjà eu une idée lorsque celle-ci se représente à notre esprit. Nous avons fait voir que la réminiscence était une suite d'actes de l'esprit, d'où résultait un jugement de reconnaissance.

Locke a donc confondu la réminiscence et la mémoire.

La volonté.

Ch. 21, §. 5. « La volonté et l'entendement » sont deux puissances. Nous trouvons en nous-» mêmes la puissance de commencer ou de ne » pas commencer, de continuer ou de terminer » plusieurs opérations de notre esprit, plusieurs » mouvemens de notre corps, et cela simple-» ment par une pensée ou un choix de notre » esprit qui détermine ou commande que telle » ou telle opération ne soit pas faite. L'usage » actuel que nous faisons de cette puissance, » en produisant ou cessant de produire telle ou » telle action, est la *volition.* »

La liberté.

Ch. 11, §. 15. « La liberté est une faculté » ou puissance.

» La volonté n'est autre chose qu'une puis-» sance ou faculté, et la liberté est une autre » puissance et faculté.

» Demander si la volonté a de la liberté, est
» demander si une puissance a une autre puis-
» sance.

» La volonté est simplement une capacité de
» faire quelque chose. »

Les discussions sur la volonté et la liberté
ont beaucoup occupé les philosophes, mais rien
de satisfaisant n'en est résulté.

Faire de la liberté une puissance distincte de
la volonté, ce n'est que reculer la difficulté,
et non pas la résoudre.

Si la volonté est une simple capacité, la volition est un acte résultant de cette capacité;
et si l'on ne peut pas demander si la volonté est
libre, on peut fort bien demander si la volition
est libre.

Le jugement.

L. 4, ch. 24, §. 3. « C'est la faculté donnée
» à l'homme pour suppléer au défaut d'une con-
» naissance claire et certaine dans des cas où
» l'on ne peut l'obtenir; alors l'esprit suppose
» que ses idées conviennent ou disconviennent,
» ou, ce qui est la même chose, qu'une propo-
» sition est vraie ou fausse, sans apercevoir une
» évidente démonstration dans les preuves. »

Ch. 17, §. 17. « Le jugement est la pensée
» ou la supposition que deux idées conviennent
» ou disconviennent par l'intervention d'une ou
» de plusieurs idées dont l'esprit ne voit pas la
» convenance ou disconvenance certaine avec

» ces deux idées, mais qu'il a observé être fré-
» quentes ou ordinaires. »

Je ne ferai point la critique de ce que Locke
vient de dire sur le jugement, cela m'entraînerait dans des longueurs ; mais le lecteur voudra
bien comparer cet article avec ce que nous
avons dit sur les actes de l'esprit appelés jugemens, et avec un des §. suivans, où nous trai-
terons en particulier cette matière.

Telles sont les facultés et les opérations que
Locke reconnaît dans le *moi* humain ; ce serait
à tort qu'on nous accuserait d'avoir offert un
rapprochement aussi incohérent ; nous avons
pris avec exactitude dans l'ouvrage les expressions où, en parlant de ces facultés, il a mis le
plus de précision et de clarté. En multipliant
les citations, on n'eût qu'augmenté le nombre
des contradictions, et rendu leur exposition
encore plus obscure ; l'auteur les a disséminées
dans son ouvrage sans les enchaîner les unes
aux autres, et sans faire voir leur correspondance et leur réaction mutuelles.

Si Locke a voulu seulement nous faire connaître les notions que l'on avait vulgairement
de son temps sur les facultés de l'homme, il n'a
pas pris avec assez de rigueur les termes dans
l'acception commune ; il a péché par la liaison,
l'enchaînement, et il a confondu les perceptions
d'images ; de sensations et d'idées que tout le
monde reconnaît distinctes. Si c'est un système

particulier que l'on veut voir dans son ouvrage,
il suffit de comparer la récapitulation que l'on
vient de voir avec le tableau précédent, ou bien
avec la seule table des divisions de la critique
de la raison pure, pour juger de quel côté est
la méthode et la dialectique, sans descendre dans
l'examen des principes, et par ce seul aperçu,
décider lequel a dû se rapprocher le plus de la
vérité.

2.° b. *Mode d'acquisition de nos connaissances.*

Il est fort extraordinaire que Locke consacre
son premier livre à discuter la question des idées
innées et les sept premiers chapitres du livre 2
à parler des idées, et que ce ne soit qu'au §. 8
du chapitre 8; qu'enfin il s'avise de nous dire
ce qu'il entend par les idées.

« J'appelle idée tout ce que l'esprit aperçoit
» en lui-même, toute perception qui est dans
» notre esprit lorsqu'il pense. »

L. 2, ch. 1, §. 2.
Toutes les idées viennent
par sensation ou par
réflexion.

« Supposons l'ame une
» table rase sans aucune
» idée, qu'elle qu'elle soit,
» comment vient-elle à les
» recevoir.....? de l'expé-
» rience.

» Les observations que
» nous faisons sur les objets
» extérieurs et sensibles ,
» ou sur les opérations in-
» térieures de notre ame
» que nous apercevons ,
» et sur lesquelles nous ré-
» fléchissons nous-mêmes,
» fournissent à notre es-
» prit les matériaux de
» toutes ses pensées.

§. 3.
Par sensation.

» Nos sens frappés par
» certains objets exté-
» rieurs, font entrer dans
» notre ame des percep-
» tions distinctes. C'est
» ainsi que nous acqué-
» rons les idées sensibles.

Par sensation.

» L'autre source de l'ac-
» quisition de nos idées est
» la perception des opéra-
» tions de notre ame sur
» les idées qu'elle a reçue
des sens.

» Opérations qui , de-
» venant l'objet des ré-
» flexions de l'ame , pro-
» duisent dans l'entende-

» ment une autre espèce
» d'idées que les objets
» extérieurs n'auraient pu
» fournir. »

Il n'est pas douteux que la plupart de ceux qui auront lu dans l'Essai sur l'entendement humain les trois premiers paragraphes, contenant le principe fondamental de la doctrine empirique, ne les aient trouvés fort clairs et fort compréhensibles. La *réflexion*, des *observations*, des *opérations*, cela est tout *simple ;* mais quand on vient à examiner avec quelque sévérité ce principe fondamental, on voit que c'est un composé de termes incohérens, sans acception déterminée, absolument insignifians, et d'où ne résulte aucune véritable lumière. C'est bien pis encore lorsqu'on veut substituer à leur place les définitions, qu'on trouve ensuite par-ci, par-là de ces termes dans le cours de l'ouvrage, d'autant plus que tantôt un mot signifie une chose et tantôt une autre.

Il est inutile de s'attacher à démontrer qu'il est posé à priori, et que l'ouvrage entier n'en est que le développement, et ne fournit nulles preuves de sa vérité ; non plus qu'à montrer son insuffisance, son incomplétitude, les vices de sa génération, etc.....

Il suffira de démontrer son insignifiance et son obscurité, et à cet effet, de le décomposer en ses différentes parties, de les comparer entr'elles,

et de susbtitüer à ses différens termes quelques-unes des acceptions qu'ensuite Locke leur
a donné.

« Les observations que nous faisons sur les
» objets extérieurs ou sur les opérations inté-
» rieures de notre ame, que nous apercevons.....,
» et sur lesquelles nous réfléchissons nous-mê-
» mes, fournissent à notre esprit les matériaux
» de ses pensées. »

Quelles sont ces observations, comment les
faisons-nous, comment conservons-nous leurs
résultats?.. ..... Voilà ce qu'il fallait développer
et ce qu'on ne trouve nulle part.....

Qu'est-ce que des *observations* faites sur des
opérations de l'ame quand on *réfléchit* ....?

Comment se font ces observations, en vertu
de quelle faculté, de quelle manière....?

Quelles sont ces opérations.....? Il est question dans le cours de l'ouvrage de quelques
opérations, comme la distinction des idées, la
comparaison, l'abstraction, encore sont-elles
appelées facultés.

Or, je demande ce que sont les observations
faites sur la comparaison, la distinction, d'où
résulte des matériaux, des pensées...?

Nous réfléchissons ensuite sur ces observations....... Mais Locke dit plus loin, que la
réflexion est la simple connaissance que nous
prenons des opérations de l'ame.........

Voilà la connaissance des opérations de l'ame

qui s'applique aux observations des opérations
intérieures de l'ame..... cela est fort clair !

Mais ce qui l'est un peu plus, c'est que voilà
beaucoup de mots, apercevoir, réfléchir, opération, observation, matériaux, pensées réunis
ensemble, dont on ignore la valeur, l'acception,
le rapport, et qui ne peuvent donner aucune
connaissance positive, et les phrases dans lesquelles ils entrent sont absolument vides de sens.

« Nos sens frappés par les objets extérieurs,
» font entrer dans notre ame des perceptions
» distinctes...... C'est ainsi que nous acquérons
» des idées sensibles..... »

Faire entrer dans l'ame des perceptions......
L'ame a des perceptions de sensations, ce sont
des actes de son aperceptibilité ; mais les perceptions n'entrent pas dans l'ame.

C'est ainsi que nous acquérons des idées sensibles..... Or, Locke dit, qu'il appelle *idée*
toute perception qui est dans l'esprit lorsqu'il
pense, donc « par les perceptions distinctes en-
» trées dans l'ame, nous acquérons des percep-
» tions qui sont dans l'esprit lorsqu'il pense. »

Voilà un langage certainement très-lumineux...!
On ne se lasse pas d'applaudir aux personnes
qui comprennent les principes de l'empirisme
de Locke.

Les hommes les plus grossiers savent très-bien
distinguer les perceptions qu'ils ont des sensations, d'avec celles qu'ils ont des idées qu'ils ont

acquises par ces sensations. C'est cependant ce qui a échappé au fondateur de cette école.

« L'autre source de l'acquisition des idées est » la perception des opérations de l'ame sur les » idées qu'elle a reçues des sens. »

Nous pouvons percevoir les opérations de l'ame, en prendre connaissance, cela est certain, ce sont les actes de l'entendement soumis à l'aperceptibilité.

Mais la grande source de l'acquisition des idées, ce sont les résultats de ces opérations que nous percevons, classons, etc.... Par l'abstraction et la généralisation, l'application des signes, etc..., nous acquérons une multitude d'idées, tandis que ces opérations elles-mêmes perçues ne constituent que quelques idées.

Il fallait donc distinguer la connaissance que prend l'ame de ces opérations, de la connaissance qu'elle prend de leurs résultats.

« Opérations qui, devenant l'objet des ré- » flexions de l'ame, produisent dans l'enten- » dement une autre espèce d'idées. »

Quelles sont ces réflexions, comment les faisons-nous, quelles sont leurs différens modes ? C'est-là une des questions les plus importantes à traiter, et que Locke n'entame nulle part, se bornant à dire que la réflexion est la connaissance que l'ame prend de ses opérations. Or, prendre connaissance ou faire des réflexions sur des opérations, sembleraient devoir être des choses très-différentes.

Qu'est-ce que l'entendement?.... c'est la puissance de penser., et c'est aussi la puissance de
recevoir des idées , nous dit Locke plus loin ;
c'est confondre deux facultés très - distinctes ,
c'est confondre l'ame avec ses modes.

Tel est donc ce fameux principe de l'empirisme, que toutes nos connaissances sont dues
à la sensation et à la réflexion. Principe admirable pour les gens qui aiment la simplicité ,
et qui trouvent que tout est clair , mais qui ,
examiné avec rigueur , ne paraît plus qu'un
principe absolument vague et insignifiant.

Locke continue à développer son principe,
sans qu'aucun de ces développemens servent
à l'éclaircir où à l'appuyer, et il termine son
livre second , en s'exprimant ainsi :

« Jusques ici j'ai exposé, comme dans un petit
» tableau , nos idées originales d'où toutes les
» autres viennent , et dont elles sont composées ,
» de sorte que si on voulait examiner ces derniè-
» res, on pourrait les réduire à un petit nombre
» d'idées *primitives* et *originales* , savoir , »

    L'étendue ,

    La solidité ,

    La mobilité ,

   « Idées que nous recevons des corps par le
» moyen des sens. »

    La perceptivité , ou la puissance d'aper-
                cevoir la pensée.

    La motivité , ou la puissance de mouvoir.

                              « Ces

« Ces deux dernières idées nous viennent dans
» l'esprit par voie de réflexion. »

L'existence ,

La durée ,

Le nombre ,

« Qui viennent par les deux voies de sensa-
» tion et de réflexion , nous aurons peut-être
» toutes les idées originales d'où dépendent les
» autres. »

Locke arrive à ce tableau sans nous avoir dit
ce que c'est que cette *réflexion* , à l'aide de
laquelle s'opèrent tant de choses. Ce mot a ,
dans son ouvrage, le pouvoir magique de tout
créer, de tout faire, mais en sommes-nous plus
instruits pour cela ?

Il est inutile d'ajouter des observations sur
l'insignification absolue de ce tableau de nos
prétendues idées originales. Il y a loin de là à la
seule table des chapitres de la critique de la
raison pure. Il est vrai qu'elle n'a pas le mérite
d'être aussi simple , et qu'elle demande de pro-
fondes étu'_s, dont dispensent les mots sensation
et réflexion.

F

§. X V.

De l'espace et du temps. (Locke.)

L. 2, chap. 17, §. 6.

« Pourquoi d'autres idées que l'espace et le
» temps ne sont pas capables d'infinité?

» S'il est vrai que notre idée de l'infinité nous
» vienne de ce pouvoir que nous remarquons
» en nous-mêmes, de répeter sans frein nos
» propres idées, on peut demander pourquoi
» nous n'attribuons pas l'infinité à d'autres idées
» aussi-bien qu'à celle de l'espace et de la durée,
» puisque nous pouvons les répeter aussi souvent
» dans notre esprit que ces dernières. C'est ainsi
» qu'il n'y a pour nous ni blancheur, ni douceur
» infinie. »

Voici la réponse que fait Locke à la question
qu'il s'est proposée :

« Toutes les idées qui ne sont pas composées
» de parties, ne peuvent point être augmentées
» en telle proportion qu'il plaît aux hommes,
» et au-delà de ce qu'elles sont représentées par
» les sens. Au contraire, l'espace et la durée
» sont capables d'accroissement par voie de répé-
» tition, ils laissent à l'esprit une idée à laquelle
» il peut toujours ajouter sans jamais arriver
» à la fin..... Ce sont les seules idées qui con-
» duisent nos pensées à l'infini. »

Observation.

Il est digne de remarque que Locke, par sa grande sagacité, avait reconnu deux classes d'idées, dont les unes nous menaient à admettre un infini ; tandis que les autres ne nous en donnaient pas connaissance.

C'est le germe de cette belle découverte de Kant, que l'espace et le temps sont des modes de notre sensibilité interne, tandis que les couleurs, les saveurs, etc...., sont des modes de notre sensibilité externe, et de l'impression des objets sur nos sens. Otez la couleur, la dureté, etc...., il ne reste rien ; mais ôtez l'étendue, il reste l'*espace*.

Nous verrons plus loin, qu'on ne doit pas confondre l'espace et l'étendue :

Que l'espace appartient à la sensibilité interne, mais que l'étendue est le résultat de la sensibilité interne, de la sensibilité externe, et de l'impression du corps sur l'organe.

Une des preuves de la subjectivité pure de l'espace et du temps, se déduit de l'observation de Locke, que ces deux idées et celles qui en découlent, sont les seules susceptibles d'infini et d'absolu. Car, nos sens ne nous donnent que le limité, le fini ; toute sensation est limitée, finie, l'infini est donc en nous.

Chap. 17, §. 18 et 19.

« Nous n'avons pas d'idée positive d'un espace » infini.

» Quiconque pense avoir une idée positive
» d'un espace infini, trouvera, en y réfléchissant,
» qu'il n'a pas plus d'idée du plus grand espace
» que du plus petit. Car, pour ce dernier, qui
» semble le plus aisé à concevoir, et le plus
» proportionné à notre portée, nous ne pouvons
» y découvrir qu'une idée comparative de pe-
» titesse, qui sera toujours plus petite qu'aucune
» de celles dont nous avons des idées positives.»

Obs. Le chapitre 17 de Locke sur *l'infinité*,
semble avoir été destiné à nous amener à reconnaître que l'espace n'appartenait pas au corps,
et qu'on ne pouvait concevoir aucun espace
concret infiniment grand ou infiniment petit.
Quand on voit exposées avec tant de netteté
dans ce chapitre les véritables notions que nous
pouvions avoir sur l'infini, appliqué au temps
et à l'espace, on dirait que la sagacité de Locke
avait pressenti le génie de Kant, et lui avait
préparé les voies. On ne peut se lasser d'admirer
la grandeur et la hardiesse de cette idée du philosophe de Konigsberg., d'enlever à l'univers
l'infini, l'espace et la durée, pour les transporter
au-dedans de nous-mêmes. Cette opinion, vînt-elle
à être démontrée une erreur, n'en ferait pas
moins le plus grand honneur à l'esprit humain.

§. X V I.

Sur les qualités des corps. (Locke.)

LOCKE avait reconnu que la connaissance que nous avons des corps, n'était qu'une connaissance apparente, et qu'il n'y avait en eux rien de semblable à ce que nos sensations nous font éprouver. Mais cette opinion si philosophique était restée inféconde pour lui et ses successeurs, et ce germe de tant de grandes vérités avait traversé un siècle entier sans se développer. Voici ce que dit Locke , L. 2 , ch. 8 , §. 7, de son Essai :

« Il y a deux choses à distinguer dans les
» idées , 1.º les idées et les perceptions elles-
» mêmes qui sont dans notre esprit ; 2.º les
» modifications des corps qui produisent ces
» perceptions dans l'esprit. Nos idées ne sont
» nullement de véritables images ou de véri-
» tables ressemblances de quelque chose d'in-
» hérent dans le sujet qui les produit ; car *la*
» *plupart* des idées de sensations qui sont dans
» notre esprit , ne ressemble pas plus à quelque
» chose qui existe hors de nous , que les noms
» qu'on emploie pour les exprimer ne ressemble
» à nos idées. »

Quoique ce langage ne soit pas très - précis ,

on ne peut douter que Locke n'aie parfaitement compris ici sa propre pensée. Cependant il semble encore hésiter , car il dit *la plupart* , et non pas toutes. Il ajoute , §. 8.

» La qualité du sujet (corps) est la puis-
» sance ou faculté qu'il a de produire certaines
» idées dans l'esprit. »

§. XVII.

Condillac.

Au lieu de faire un résumé de l'ouvrage de Locke, il est beaucoup mieux de remettre ici sous les yeux des sectateurs de l'école empirique, le jugement qu'en a porté l'abbé de Condillac.

« Immédiatement après Aristote vient Locke; cet Anglais a sans doute répandu beaucoup de lumière sur l'origine de nos connaissances, mais il y a laissé encore de l'obscurité. »

« Nous verrons que la plupart des jugemens qui se mêlent à toutes nos sensations, lui ont échappé, etc..... *Que toutes les facultés de l'ame lui ont paru des qualités innées*, et qu'il n'a pas soupçonné qu'elles pourraient tirer leur origine de la sensation même (*). »

« Locke est le premier qui ait remarqué que l'inquiétude, causée par la privation d'un objet, est le principe de nos déterminations; mais il

_____

(*) Cette phrase est très-essentielle à remarquer, en ce qu'elle fait voir l'opposition qui règne entre Locke, Condillac et Bonnet. Parmi ces facultés distinctes, innées, primordiales de l'ame, reconnues par Locke, sont, la *liberté*, le *jugement*, le *raisonnement*, dont Bonnet ne fait que de simples modes de sa double sensibilité et de sa force motrice de l'ame, joints à différens actes du cerveau, tandis que pour Condillac ce ne sont que des sensations transformées.

F 4

fait naître l'inquiétude du désir, et c'est précisément le contraire. »

« Il met, d'ailleurs, entre le désir el la volonté,
plus de différence qu'il n'y en a en effet. »

« Locke distingue deux sources de nos idées,
la sensation et la réflexion ; il serait plus exact
de n'en reconnaître qu'une , soit parce que la
réflexion n'est dans son principe que la sensation même, soit parce qu'elle est moins la forme
de nos idées que le canal par lequel elles découlent des sensations. »

« Cette incertitude *répand beaucoup d'obscurité* dans son système (*), car elle le met
dans l'impuissance d'en développer les principes.
Aussi ce philosophe se *contente-t-il* de reconnaître que l'ame aperçoit , pense, doute, croit ,
raisonne, connaît , sent , réfléchit; mais il n'a
pas senti la nécessité d'en découvrir le principe
et la génération , il n'a pas soupçonné qu'elles
pourraient n'être que des habitudes acquises ,
il paraît les avoir regardé comme *quelque chose
d'inné*, et il dit seulement, qu'elles se perfectionnent par l'exercice (**). » ·

(*) Condillac trouvait qu'il y avait beaucoup d'obscurité
dans le système de Locke ; que diront ceux pour qui ce
système est si clair ?

(**) Je le répète , ce *quelque chose d'inné* relatif aux
facultés de l'ame ou à ses opérations de croire , douter ,
apercevoir , connaître , raisonner , vouloir , réfléchir , est
très-essentiel à remarquer , pour faire sentir la différence
des trois systèmes. ·

Condillac dit ensuite dans son extrait raisonné du traité de sensations , qu'en 1746, il essaya de donner la génération des facultés de l'ame, et que cette tentative eut du succès, par la *manière obscure* dont il l'exécuta.

Il y aurait donc de l'injustice à examiner , ainsi que l'a fait le commentateur de Kant , un ouvrage que son auteur condamne avec autant de franchise : c'est donc le traité des sensations qu'il faut regarder comme contenant la doctrine de Condillac en métaphysique.

Le principe fondamental de cette doctrine , est que *le jugement , la réflexion , les passions , toutes les opérations de l'ame, en un mot, ne sont que la sensation même qui se transforme différemment.*

Je copie ici le texte.

Voici la marche que suit Condillac pour prouver cette transformation , dans son extrait raisonné du traité des sensations.

— « Si une multitude de sensations se font à la fois avec le même degré de vivacité, ou à-peu-près , l'homme n'est encore qu'un animal qui sent. »

« Diminuons la force de ces sensations, excepté d'une seule , l'esprit est occupé plus particulièrement de la sensation qui conserve sa vivacité, et cette sensation devient *attention* , sans qu'il soit nécessaire de supposer rien de plus dans l'ame. »

Observation.

Cette génération de l'attention est le résultat d'une fausse marche, en ce que Condillac diminue la vivacité des autres sensations pour en rendre une dont on ne diminue pas la vivacité prédominante, et c'est par-là qu'elle devient attention; tandis que dans ce qu'on appelle vulgairement attention, les autres sensations ne diminuent de vivacité qu'en raison de ce que l'esprit s'applique à une seule; c'est l'esprit qui, en se dirigeant sur une sensation particulière, donne naissance à l'attention.

L'attention est un acte de l'ame relatif à une sensation, c'est une réaction de l'ame sur l'organe, et de celui-ci sur l'objet. L'attention n'est donc pas la sensation.

Voilà ce que tout le monde sait; il n'y a qu'un métaphysicien qui, pour appuyer la belle simplicité de son système, puisse dire une pareille absurdité.

Autre chose est la vivacité d'une sensation, autre chose est l'attention que nous lui accordons.

— « Qu'une nouvelle sensation se présente,
» Plus la première a eu de force, plus l'impression qu'elle a faite se conserve.

» Notre capacité de sentir se partage donc » entre la sensation que nous avons eue et celle » que nous avons. »

Observation.

Comment la capacité de sentir peut-elle s'exercer sur une sensation qu'on a eue.....? Elle
s'exerce sur l'impression qu'elle a laissée, et non
sur la sensation eue ; il n'y a sensation que par
l'aperception simultanée de l'organe et du moi
modifiés , (et dans tous les sens quelconques,
même avant l'exercice du tact ; car toutes les
sensations ne sont que le toucher diversement
modifié ; le son est un toucher , tout comme
la couleur , etc.....).

L'impression restante est une image ou une
idée. Nous n'apercevons donc simultanément que
la sensation actuelle, et l'image ou l'idée de la
sensation antérieure.

— « L'une nous paraît passée, l'autre actuelle. »

Observation.

Cela est facile à dire , l'une nous paraît passée,
l'autre actuelle ; mais pourquoi et comment
décidons-nous que l'une est passée et l'autre actuelle.....? En bonne métaphysique on doit
expliquer cela , et il y a plusieurs opérations
dans ce *paraître*.

— « Apercevoir ou sentir ces deux sensations ,
» c'est la même chose ; or , ce sentiment prend
» le nom de sensation lorsque l'impression se fait
» actuellement sur les sens.

» Il prend celui de mémoire , lorsqu'elle s'y
» est faite et qu'elle ne s'y fait plus. »

Observation.

1.º Ou l'objet est enlevé ou il est présent. Si l'objet est absent, il n'y a plus aperception de deux sensations.

2.º La mémoire a toujours été regardée comme le réveil d'une idée par un signe, avec un acte de réminiscence. Ici Condillac prend la réminiscence pour la mémoire.

3.º Qu'est-ce qu'un *sentiment* de sensation qui prend le nom de mémoire lorsqu'elle s'est faite et qu'elle n'est plus présente?

D'abord, ou la sensation actuelle est la même que la sensation passée, alors il s'en suit, par la perception simultanée de l'image ou de l'idée avec la sensation actuelle, un acte, un jugement de réminiscence; mais cet acte, et la perception de la trace de l'impression passée, sont deux choses distinctes. La réminiscence n'est donc pas la sensation transformée.

Ou bien la sensation actuelle est distincte de la sensation passée, alors j'ai la perception simultanée de l'image ou de l'idée de celle-ci, et de la sensation actuelle; et comme Condillac suppose que l'impression est restée subsistante, il n'y a pas réveil par la seconde sensation qui ne fait pas fonction de signe, et nous n'avons là, ni mémoire, ni réminiscence, mais simplement une double perception de sensation et d'image.

Pour rapporter cette image à une sensation

dans le temps passé, il faut une suite de jugemens que jamais nous ne ferions, si, auparavant,
par d'autres circonstances nous n'avions été dans
le cas de faire des jugemens de réminiscence,
d'où, par un jugement d'analogie, nous arrivons
à un jugement de croyance relatif à cette image,
que nous rapportons dans le temps passé à une
sensation.

Tout cela n'a pas le mérite de cette grande
simplicité par laquelle nous transformons la sensation en mémoire. Cependant, nous croyons
inutile d'aller plus loin sur ce grand principe
de la transformation des sensations. Transformation qui, en elle-même, est déjà une
expression mystérieuse et incompréhensible.

Condillac eût dû dire un mot des organes
transformateurs, et de ce que la sensation ac-
quérait ou perdait à chaque transformation,
mais cela eût anéanti cette belle simplicité du
principe générateur.

Lorsque nous avons dit que les sentimens
primordiaux, étant développés par les sensations,
se transformaient en idées par les aperceptions
et les conceptions, nous avons observé que ces
mêmes sentimens se trouvaient soumis aussi
à l'aperceptibilité, en sorte que, simultanément,
nous éprouvions le sentiment et le percevions;
que par l'attention et différens actes de la
conceptibilité, il en résultait différentes classes

d'idées, lesquelles étaient confiées à l'idéalité. Nous n'avons pas dit par-là, que cette transformation était identité, et nous reconnaissons des actes transformateurs ; mais nous n'avons pas pu la développer, parce que sans les lois transcendantes de l'aperception et de la conception, jamais cette transformation ne pourrait être exposée avec clarté et précision.

Tout cela n'a pas le mérite d'être simple comme la sensation devenant passion, affection, amour, haine, désir, etc......

Il est vrai qu'il y a dans le traité des sensations une *inquiétude mystérieuse*, une inquiétude, état particulier de l'ame, qui met en jeu le désir, lequel désir n'est que l'exercice des facultés attribuées à l'entendement et à la sensibilité ; lequel désir, n'étant lui-même que la sensation transformée, se transforme à son tour en passion, en amour, haine, etc..... Mais cette inquiétude mystérieuse ne serait-elle point un des modes de la sentimentalité....?

Comment se fait-il, pour l'unité du principe, qu'elle ne soit pas la sensation transformée...?

On ne peut s'empêcher de rire en secret des métaphysiciens et de la métaphysique, quand on voit le reproche très-sérieux que Condillac fait à Locke, d'avoir admis des facultés *innées*.

§. XVIII.

Essai analytique sur l'ame , par Charles Bonnet.

CE grand et admirable ouvrage du philosophe de Genève est en général peu lu en France, et les Allemands des différentes écoles daignent à peine le citer. Il est extraordinaire que le C. Degerando, dans son ouvrage sur les signes , n'en ait fait aucune mention; et le commentateur de Kant, qui a combattu Locke et Condillac , n'a nullement réfuté la doctrine de Bonnet. C'est à Genève, en Suisse , et dans la seule académie de Berlin, que sont les disciples de cet immortel génie. C'est-là ce que l'on peut appeler son école. Entraînés par l'amour de la vérité , nous hasarderons quelques critiques sur cet essai ; nous examinerons dans sa doctrine , 1.° la théorie des idées simples; 2.° celle de l'entendement ; 3.° la génération des sentimens moraux.

Nous déduirons nos observations sur sa théorie des idées simples du système empirique vulgaire; mais nous nous bornerons, dans celles sur l'entendement et les sentimens moraux, à démontrer l'insuffisance de ses principes, et la nécessité de recourir à des lois subjectives de la cognition , puisque l'empirisme vulgaire n'arrive lui-même à rien de satisfaisant sans l'admission des modes subjectifs de la conception.

§. XIX.

Théorie des idées sensibles, simples, d'après Bonnet.

A. Comment nous acquérons ces idées.

B. Comment elles se conservent et elles se réveillent.

A.

— « L'HOMME est mixte. Il est composé de deux substances, l'une matérielle, l'autre immatérielle. »

— « L'ame est douée de sensibilité et d'activité. »

— « La sensibilité est la faculté d'être modifiée par les objets extérieurs et par son corps. »

— « L'activité de l'ame est une force, une puissance, une capacité d'agir ou de produire certains effets. »

— « La volonté découle de l'activité de l'ame, elle suppose la connaissance ou le sentiment de plusieurs manières d'être. Il n'est pas de volonté où il n'est pas de raison de vouloir. La volonté est subordonnée à la faculté de sentir ou de connaître. »

— « Il est quelque part, dans le cerveau, une partie que l'on peut appeler le *siége de l'ame.*

C'est

C'est l'instrument immédiat des sentimens,
de la pensée, de l'action.

— A un certain mouvement d'une ou plusieurs
parties du siége de l'ame, répond un certain
mouvement d'un ou plusieurs nerfs.

— Au changement dans l'état du cerveau,
correspondent des changemens dans l'état de
l'ame ; on les exprime par les divers noms
de sensation, idée, perception, etc......

— Ce sont les mouvemens excités dans les
sens par l'action des objets extérieurs, qui
se communiquent au cerveau, et qui déterminent l'activité de l'ame à se déployer d'une
certaine manière ; de là naissent les sensations et les volitions.

— Cependant la sensation qui paraît résulter
du mouvement n'a rien de commun avec le
mouvement.

Remarque. Comment cette observation n'a-t-elle
pas conduit Bonnet à la recherche des lois
subjectives de la sensibilité. Il cherche en vain
à résoudre cette difficulté après se l'être proposée. Elle est insurmontable pour la doctrine
empirique. Voici l'explication qu'il a essayé
d'en donner.

— En conséquence de l'action des fibres nerveuses, il se passe dans l'ame *quelque chose*
qui répond à cette action. L'ame réagit à sa
manière, et l'effet de cette réaction est ce
que l'on nomme perception ou sensation.

G

Remarque. Il y a ici une erreur fondamentale, ce n'est pas la simple modification de l'ame, en vertu des objets extérieurs que nous appelons *sensation*, mais bien la double perception du moi et de l'organe modifié, et même de l'objet modifiant. De plus, on ne peut confondre les mots perception et sensation, parce que perception s'applique à la faculté d'apercevoir, et que nous apercevons bien d'autres choses que des sensations. Nous verrons plus loin ce qui a fait tomber Bonnet dans cette erreur. De plus, ce n'est point répondre à la difficulté que l'on a à concevoir, que d'un mouvement puisse résulter une sensation, que de dire qu'en vertu de l'action des fibres nerveuses, il se passe dans l'ame *quelque chose* qui répond à leur action, et que de la réaction relative à ce un *quelque chose*, résulte la sensation. Ce un *quelque chose*, correspondant à l'action des fibres est aussi difficile à concevoir que la perception-sensation résultant directement de l'action des fibres nerveuses.

Les lois subjectives de l'aperceptibilité étaient là.... Bonnet a vu l'abyme, le génie de Kant l'a franchi.

— « Il y a deux choses dans une sensation, l'une qui caractérise l'objet, l'autre qui détermine l'ame à agir; ce qui détermine l'ame à agir, c'est le plaisir ou la douleur qui accompagne la sensation. »

— « Approchez une rose de la statue, elle devient un être sentant, son ame est modifiée en odeur de rose. »

Remarque. Non-seulement son ame est modifiée en odeur de rose, mais elle rapporte sa modification à l'organe olfactif, et elle a la perception de son moi et de l'organe. C'est ainsi qu'un aveugle qui vient à voir rapporte à son œil toutes les perceptions qu'il a des objets. On dira que le toucher nous donne seul la connaissance de nos organes. Je répondrais que toute sensation n'est que le toucher diversement modifié, et qu'aucune sensation ne peut être isolée du toucher sans être détruite. C'est pour n'avoir pas fait cette observation du *rapport nécessaire*, que fait l'ame à l'organe de ses sensations quelconques, que Bonnet a confondu la sensation, avec les autres manières d'être de l'ame, savoir, les perceptions, idées et images.

— « L'ébranlement fini, la statue cesse de sentir, mais tant que l'ébranlement dure, même en l'absence de l'objet, la statue *sent* l'objet. »

— « L'état d'une fibre du cerveau qui a été mise en mouvement, et dont le mouvement s'est éteint, n'est pas semblable à celui d'une fibre qui n'a pas été mue. »

Remarque. Bonnet en conclut seulement une plus grande facilité à se mouvoir quand elle sera de nouveau affectée par un objet. Mais la fibre mue a conservé une trace de sa modification, c'est l'image ; lorsque cette image sera ébranlée, l'ame aura une perception image et non une sensation renouvelée, elle ne rapportera pas à l'organe sa modification.

— « Une idée est un mode de l'ame. L'ame n'acquiert l'idée d'un objet que par le mouvement qu'il excite dans le cerveau. »

Remarque. Nulle part Bonnet n'a défini d'une manière précise ce qu'était l'idée, et nous verrons qu'il la confond, tantôt avec la sensation renouvelée, tantôt avec l'image perçue.

B. *Comment les idées se conservent et se réveillent.*

— « L'ame n'acquiert l'idée d'un objet que par le mouvement qu'il excite dans le cerveau. »

— « Les idées n'étant dans l'origine que les mouvemens imprimés par les objets aux fibres des sens, il s'ensuit que la conservation des idées dépend de la disposition qu'ont les fibres des sens à répéter les mouvemens dont elles ont été agitées. »

— « Demander si une sensation peut rappeler une autre sensation, c'est demander, en général, comment une idée rappelle une autre idée. »

— « Le rappel d'une idée sera donc la reproduction des mouvemens auxquels cette idée
est attachée. »

Remarque. Il est évident que Bonnet a regardé
ici les idées et les sensations comme une
seule et même chose , et que pour lui , les
idées ne sont jamais que les modifications
actuelles de l'ame par les fibres des sens ,
lesquelles fibres sont les mêmes que celles qui
ont produit la sensation , et que la conservation des idées n'est qu'une *disposition* de
ces fibres à répéter leurs mouvemens antérieurs , et que la reproduction de l'idée est
la reproduction des mouvemens.

De ces principes , il s'ensuivrait que l'idée
et la sensation sont une seule et même chose,
que le rappel de la sensation et le rappel de
l'idée sont la même chose , et que leurs
perceptions seraient identiques.

Or , certainement, ainsi que nous l'avons
observé déjà plusieurs fois , lorsque le mot
œillet frappe la vue d'un homme qui lit ,
il comprend ce mot , il a une connaissance
de sa signification. Il a d'abord , comme tout
homme qui n'aurait jamais vu d'œillet , la
perception *des lettres* composant le mot , ce
qui est une sensation ; mais il a de plus la
perception d'une idée attachée à ce mot.

Si cette connaissance ne lui suffit pas , il
redescend à la perception de l'image d'un

œillet , soit en forme , couleur , odeur , et même toucher. Quoique ces deux der-nières images soient plus rarement réveillées, en un mot , il imagine un œillet.

Enfin , s'il veut rappeler la sensation , il est obligé de soumettre à ses sens un œillet, alors il a une perception-sensation.

Mais , si l'ébranlement communiqué à l'image de l'œillet se perpétue jusques aux organes des sens , alors il a une perception-sensation, en l'absence de l'objet, une *vision*.

De ce que Bonnet a confondu ainsi les idées , les images et les sensations , il a été obligé d'admettre ,

« Que les idées les plus abstraites et les
» plus spiritualisées dérivant des idées sen-
» sibles , les signes ou les termes représen-
» tatifs des notions doivent toujours réveiller
» dans l'esprit quelqu'idée sensible ; c'est-
» à-dire , quelque trace de sensation , ou
» plutôt quelque sensation elle-même. »

Il ajoute comme correctif à ce principe ,

« Que l'imagination ne fera qu'ébaucher
» ces sortes de représentations , parce que
» la rapidité du discours ne lui permet pas
» de finir. » Or , je le demande, qu'est-ce que ces ébauches. ..? Nous avons une foule de mots dont les idées sont claires pour nous, sans que aucune image , aucune ébauche de sensation viennent à être soumises à notre aperception.

On ne peut donc confondre le rappel de la sensation, le rappel de l'image, le rappel de l'idée, et les différentes perceptions qui accompagnent ces rappels ; on ne peut assimiler le rappel de la sensation avec le rappel de cet état de l'ame, qui a accompagné ou suivi cette sensation.

Nous ne nous étendrons pas plus loin, nous en rapportant à ce que nous avons dit précédemment.

— « L'ame conserve un sentiment plus ou
» moins vif, plus ou moins distinct des
» modifications qu'elle revêt ; lorsqu'elle
» éprouve de nouveau une de ces modifi-
» cations, elle sent qu'elle l'a déjà éprouvée,
» c'est la *réminiscence*. »

Bonnet ajoute :

« Il ne faut pas dire que l'ame conserve
» le sentiment de ses modifications, mais
» bien que le cerveau conserve l'aptitude à
» modifier l'ame de telle ou telle manière. »

Remarque. Alors, que devient la réminiscence, que devient ce sentiment qui nous fait reconnaître que nous avons déjà été modifié de telle manière....? Le lecteur voudra bien revoir ici ce que nous avons dit sur les jugemens de réminiscence.

— *L'imagination*.

— « Les idées que les objets font naître dans

G 4

l'ame , peuvent se représenter à elle sans l'intervention des objets. »

— « La faculté par laquelle ces représentations s'opèrent est l'imagination ; mais les idées sont attachées au mouvement des fibres sensibles , donc la disposition du cerveau à répéter ces mouvemens constituera la physique de l'imagination. »

— « La mémoire est la faculté qui rappelle les mots représentatifs des choses , les signes de nos idées sont des figures ou des sons. »

— « La conservation ou le rappel des signes ou des mots , s'opère par une mécanique semblable à celle qui opère la conservation ou le rappel de l'idée attachée à ce signe ou à ce mot. »

— « La mémoire est attachée au corps , et ne diffère donc pas de l'imagination. »

— « Si l'on voulait assigner la différence physique de la mémoire et de l'imagination , il faudrait dire que celle-ci suppose dans les fibres sensibles un plus grand degré d'ébranlement que celle-là ; car l'imagination va quelquefois jusqu'à imiter l'impression même des objets. »

Remarque. Du moment où Bonnet n'a pas distingué la perception idée de la perception image , il a dû confondre leur rappel ; ayant attaché les idées aux mêmes mouvemens des fibres sensibles qui nous donnent les sensa-

tions et les images, l'imagination n'a dû être
que la disposition du cerveau à répéter ce
mouvement.

Mais ce mouvement reproduirait des visions
et non des idées ni des images. La différence
dans le degré d'ébranlement ne constitue
pas seule la différence de la vision et de
l'imagination. Il a de même regardé la mémoire et l'imagination comme ne différant
que par le degré d'intensité de la représen-
tation, tandis qu'elles diffèrent essentiellement par leur nature.

Nous ne pousserons pas plus loin ces
observations pour ne pas tomber dans des
redites continuelles. On a vu ce qu'était
l'imagination, la mémoire, et comme ces
deux facultés entroient en fonction ; on
pourra comparer les deux théories.

Il faut bien observer que toutes les remarques ci-dessus ont été déduites de la doctrine
empirique. Bonnet, en ôtant à l'ame la faculté
de conserver des traces de ses modifications,
s'est jeté dans de grandes difficultés, et ce
principe l'a conduit à des conclusions contraires aux phénomènes que nous fait reconnaître la simple observation empirique. Il y
aurait à faire bien des considérations secondaires très-intéressantes, sur ce qu'il y a à
la fois d'intellectuel et de physique dans
l'exercice de la mémoire et de l'imagination,

et l'influence de la sensibilité morale sur ces deux facultés ; mais il faut dans les discussions presser sa marche , et s'en tenir aux faits primitifs et aux principes purs et simples.

---

2. *L'entendement.*

Bonnet voulant conserver à l'ame une simplicité qui lui sembloit nécessaire pour la distinguer de la matière, ne l'a douée que de la sensibilité (aperceptibilité) et d'une simple force de réaction , et l'entendement dont il avait été obligé de reconnaître la nécessité pour la formation des notions, des rapports , etc...., est devenu une sensibilité plus relevée.

Mais quelle similitude y a-t-il entre l'état de l'ame qui perçoit une couleur, et ce sentiment de plaisir ou de douleur qui l'accompagne? quelle similitude y a-t-il entre la perception du rouge et cet acte de l'ame qui conçoit le rapport $2:3::4:6$. Ces actes , ces états ne peuvent découler de la même faculté, et leur différence ne réside pas dans une différence des fibres du cerveau , en supposant même avec l'école empirique, que les rapports dérivent de la nature des choses, ce qui d'ailleurs dans les nombres est impossible. La nature m'offre deux corps, mais c'est moi qui les lie, et qui dit deux.

En admettant l'entendement comme faculté distincte de la sensibilité, Bonnet ne pouvoit plus s'arrêter, et il arrivait à reconnaitre une sensibilité morale, une sentimentalité bien différente de l'aperceptibilité, puis une idéalité ou faculté de conserver les modifications reçues, ainsi de suite, et l'ame aurait alors perdu sa prétendue simplicité.

Voici le résumé de sa théorie de l'entendement.

— « Dans les abstractions sensibles, l'opération de l'ame se réduit à donner à quelqu'une des impressions particulières qui composent l'idée totale ou concrète, une attention particulière. »

— « Comparer différentes sensations, c'est donner son attention à différentes sensations. L'attention est un exercice de la force motrice de l'ame : cet exercice est une modification de son activité. »

« *Comparer* c'est *mouvoir*, et *mouvoir* c'est *agir*. »

— « La facilité de séparer ou d'abstraire conduit à la généralisation des idées qui ont été abstraites. Entre les qualités découvertes dans les touts concrets, il en est qui conviennent à plus ou moins de sujets; de là leur distribution en classes, genres, espèces. L'idée générale des rapports qui lient ensemble une certaine classe d'êtres, *appartient à l'esprit ;* cette idée n'a pas d'archétype hors de lui. Les abstractions qui nous donnent des idées de cet ordre, sont des *abstractions intellectuelles.*

Remarque. On pourroit croire qu'ici Bonnet suppose que les abstractions intellectuelles, qui sont dans l'esprit, sont dans l'ame, et que ces rapports généraux sont des actes de son entendement ; mais comme les idées sont dans le cerveau, ou plutôt nulle part, il s'ensuit que les abstractions intellectuelles sont attachées à des fibres qu'il appelle intellectuelles.

« La réflexion est le résultat de l'attention que l'esprit donne aux idées sensibles qu'il compare et qu'il revêt de signes ou de termes qui les représentent ; c'est ainsi que l'esprit acquiert ses notions. »

« Le physique de la réflexion consiste dans la force motrice que l'ame déploie sur les fibres des idées sensibles. »

Remarque. Quelle similitude y a-t-il entre comparer et mouvoir ; entre cet acte de mon moi qui compare, et le mouvement des fibres du cerveau ? Comment peut-on concevoir que, par la simple force motrice de l'ame sur les fibres appropriées aux idées sensibles, et qu'ensuite en appliquant des signes aux résultats de ce mouvement,

j'acquière les notions de temps, de substance, de force, de cause, d'effet, les rapports géométriques, etc.... N'y a-t-il pas ici
des manières, des modes de concevoir, de
mon moi qui établit des rapports entre les
êtres, qui abstrait, généralise, etc....;
actes qui découlent d'une faculté, la conceptibilité, qui peut se subdiviser en entendement et raison; actes d'où résultent ensuite
les jugemens? Car il faut bien observer que
par son activité de l'ame, Bonnet n'entend
jamais qu'une force motrice, par laquelle
elle met en jeu les fibres du cerveau; une
simple et unique force motrice.

Il y a certainement dans les êtres, des
qualités d'où résultent les phénomènes; mais
ces qualités, je ne les connois point. Les
phénomènes sont le résultat de ces qualités
et des lois de mon aperceptibilité et de
mon entendement.

« Le jugement est la *perception* du rapport qui est entre deux ou plusieurs choses,
entre deux ou plusieurs idées. »

« Ce rapport naît de la comparaison entre
deux ou plusieurs idées. Tout jugement renferme une comparaison. Si une chose convient
avec une autre, jugement affirmatif; si une
chose ne convient pas, jugement négatif. »

« C'est l'entendement qui compare et qui
juge. »

« Les jugemens que l'entendement forme des rapports, sont les résultats de l'impression des rapports sur le cerveau ; l'entendement ne crée pas les rapports, ils dérivent de la nature des choses ; mais il est affecté par les rapports. »

Remarque. Comparer, a dit Bonnet, c'est mouvoir ; juger, c'est percevoir des rapports.

Voilà donc l'entendement à la fois la sensibilité et l'activité de l'ame ; comme si l'acte par lequel nous saisissons ou établissons un rapport entre plusieurs êtres, était le même que celui qui aperçoit les êtres, qui aperçoit les couleurs, les sons : les êtres sont isolés, c'est l'entendement qui les lie par des rapports ; mais ce n'est pas une simple aperception.

L'entendement est encore moins une simple force motrice sur les fibres du cerveau.

Cependant, d'après Bonnet, un jugement étant le résultat de l'aperception des rapports, et ceux-ci, naissant de la comparaison qui n'est qu'une force motrice sur les fibres du cerveau ; voilà en quoi jusqu'ici consiste ce qu'il appelle l'entendement. D'ailleurs, *juger* n'est nullement une simple perception des rapports ; il faut bien distinguer la perception du jugement, du jugement lui-même ; ce que Bonnet a confondu.

« Il est une infinité de rapports ou d'oppositions que l'entendement ne peut apercevoir
immédiatement. Il est obligé de faire inter-
venir les objets intermédiaires qui lient ces
choses. Il forme sur ces objets plusieurs
comparaisons, plusieurs jugemens qui le
conduisent à découvrir les rapports ou les
oppositions que l'on ne peut saisir entre
eux immédiatement. Les idées que ces jugemens renferment sont des idées moyennes,
et la collection des idées compose le *raisonnement.* »

Remarque. Est-ce en vertu de la simple force
motrice de l'ame, que les idées attachées
aux fibres viennent à se représenter à elle,
de manière à former une chaîne de raisonnement ? L'aperceptibilité peut-elle juger de
la disconvenance ou de la convenance de
ces idées, de manière à voir et établir entre
elles une liaison ? Est-ce l'aperceptibilité ou
la force motrice qui prononce les jugemens
sur le rapport de ces idées ? et est-ce elle
qui lie ces jugemens ; enfin, en tire les
déductions, pour que de là en résulte un
raisonnement ?

Par quel inconcevable mécanisme les fibres
du cerveau viendront-elles à s'ordonner de
manière à former un raisonnement, et d'où
naîtra en nous ce sentiment affirmatif qui
accompagne le raisonnement ? Dire, comme

Bonnet, que l'entendement est une sensibilité, une aperceptibilité plus relevée, c'est ne
rien dire. La *faculté de concevoir* ou de
penser avec ses différens modes, l'entendement, la raison, lesquels, à leur tour, ont
leurs lois (empiriques ou transcendentales),
et le jugement qui en découle, faculté ap-
partenant à l'âme, bien distincte de l'aperceptibilité (sensibilité), et de l'activité
(force motrice), peut seule nous expliquer
le mécanisme du raisonnement, (je parle
empiriquement); mais ensuite, la théorie
transcendentale peut seule nous expliquer,
d'une manière satisfaisante, les lois appar-
tenant à ses modes ou facultés secondaires,
l'entendement, la raison, et à ses actes les
jugemens.

— « Il y a de l'harmonie dans un jugement,
dans un raisonnement, parce qu'il y a de
l'harmonie par-tout où il y a des rapports
qui conspirent à produire un effet. »

— « Le sujet et l'attribut, les idées moyennes
et la conclusion tiennent à différens faisceaux
de fibres, et l'ordre dans lesquels ces faisceaux
sont unis, constitue *l'harmonie physique du
jugement.* »

Remarque. Cette harmonie est bien commode,
elle dispense de rechercher en vertu *de quoi*
nous lions nos idées ; nous reconnaissons leur
convenance ou disconvenance, nous dédui-

sons

sons la conclusion , et nous prononçons et
affirmons enfin , que le raisonnement est
juste.

— « L'harmonie morale est dans l'impression
qui se fait sur l'entendement. Il faut qu'il
y ait dans l'entendement un *quelque chose*
qui réponde aux jeux harmoniques des fibres
intellectuelles , sans quoi ils ne pourraient
être affectés par les rapports. »

Remarque. Voilà la seconde fois que Bonnet ,
arrêté dans sa marche , recourt à ce un
quelque chose. Ne pouvant parvenir à expliquer comment la sensation était le résultat
du mouvement des fibres , il dit qu'il y
a dans l'ame un *quelque chose* qui répond
à cette action , et que de là résulte la sensation.

Or , ce un quelque chose n'est autre que
les lois subjectives de l'aperceptibilité.

Et maintenant , ce un quelque chose, qui
est nécessaire à la sensibilité relevée , pour
qu'elle puisse être en harmonie avec le jeu
harmonique des fibres d'où résulte le raisonnement , est justement les lois subjectives de
la conceptibilité ; et de ses modes , l'entendement , la raison ; et de ses actes , les
jugemens.

On voit que Bonnet a deux fois touché
aux lois subjectives de l'aperception et de
la conception ; mais que n'ayant voulu faire

H

de l'ame qu'un être simplement doué d'une sensibilité vague , et d'une force de réaction qu'il appelle activité , et ayant attaché les rapports , tels que nous les connaissons , aux objets eux-mêmes , il a laissé échapper le fil qui devait le conduire à la vérité. Il reconnaît implicitement les lois subjectives de l'entendement ; mais comme cela contredirait son système , il glisse dessus.

Cet entendement, la raison , le jugement en général , tout ce qui tient à la conceptibilité , sont des choses fort embarrassantes pour l'école empirique , et sur-tout pour celle de Bonnet ; à la rigueur , elle expliquerait assez bien la génération des idées simples et des idées abstraites , sensibles ; mais au-delà, elle ne peut marcher.

Il en est de même de la sensibilité morale, de la sentimentalité , il y a là aussi un *quelque chose* qui se refuse aux explications empiriques ; mais ce n'est plus la faculté de concevoir , ce sont les sentimens primordiaux , la partie morale de l'être que l'on est obligé de reconnaître , comme n'étant pas le résultat des rapports ; mais comme, au contraire, établissant des rapports entre les êtres physiques.

Bonnet dit ailleurs :

« Les notions ne sont que les idées sensibles plus ou moins généralisées , et revêtues de

signes ou de termes qui les fixent ou les représentent. »

« Il est entre les notions des rapports naturels, comme il en est entre les idées
sensibles. »

« L'entendement juge des rapports moraux, comme la sensibilité juge des rapports
physiques. »

— « Les idées de perfection morale qui
déterminent la volonté d'un être qui réfléchit, ne sont pas de la création de son
entendement. Il ne dépend pas plus de l'entendement de se créer une notion, qu'il ne
dépend de la sensibilité d'un aveugle de se
créer des couleurs. »

« Afin que l'entendement acquière des
notions morales, il faut que les circonstances le disposent à en acquérir. »

Remarque. Ici Bonnet dit que la sensibilité juge
des rapports physiques comme l'entendement
juge des rapports moraux ; mais juger des
rapports physiques avait d'abord appartenu
à l'entendement, et de plus, ce jugement
suppose la comparaison ; l'exercice de la
force motrice de l'ame dans sa propre
théorie.

Nous verrons dans la théorie des sentimens
moraux, que la sensibilité morale et quelquefois l'entendement, établissent des rapports moraux entre les êtres physiques.

H 2

Juger, c'est percevoir des rapports, a dit Bonnet, lesquels découlent de la comparaison, laquelle est l'action de l'ame sur les fibres des idées sensibles.

Mais ici pour l'entendement, juger c'est percevoir des rapports entre les notions, lesquelles ne sont cependant que des idées sensibles plus ou moins généralisées.

Outre ce que nous avons dit déjà sur cette singulière génération des notions, comment la simple aperception des rapports, à supposer que ces rapports existassent réellement dans les choses, peut-elle être un jugement?

Il est facile de voir que Bonnet a été très-incertain sur ce qu'il appelait entendement, et qu'il n'en a jamais reconnu clairement et avec précision les fonctions, l'assimilant tantôt à la sensibilité, tantôt l'en séparant pour le rapprocher de la force motrice de l'ame, ou en faisant d'autrefois comme une faculté absolument distincte.

« Une ame humaine qui serait placée dans le cerveau de la statue, y éprouverait précisément la même chose qu'y éprouve l'ame de celle-ci. La réminiscence, la mémoire, l'imagination, seraient les mêmes pour cette ame que pour celle de l'automate, car tout cela tient aux déterminations que les fibres du cerveau ont contractées, et ces déterminations sont absolument indépendantes de l'ame. »

Remarque. Ceci est fort important , parce que c'est le complément de sa doctrine, et que cette conclusion est une suite rigoureuse de ses principes. Cela prouve évidemment que les idées, dans sa théorie, ne sont pas dans l'ame.

Dans le système que nous avons exposé, il y a dans l'ame des suites d'idées correspondantes à des suites de signes et d'images du cerveau. De là résulte l'harmonie de l'être; si une ame transmigrait dans un autre cerveau , cette harmonie serait dérangée , il y aurait folie. Les signes ne réveilleraient que des perceptions images, ils ne seraient plus que des images, aucune idée ne s'y trouverait liée , et l'ame ne comprendrait pas la langue de son cerveau.

Si l'ame d'un Grec transmigrait dans le cerveau d'un Allemand , les mots allemands images (son ou vue) ne réveilleraient aucune idée pour elle.

« Si l'ame d'un Huron eût pu hériter du cerveau de Montesquieu, Montesquieu créerait encore. »

Remarque. Il me semble que, même dans la théorie de Bonnet , il pourrait y avoir de la différence dans les ames quant à la sensibilité, à l'activité , à l'entendement.

« L'ame n'aperçoit rien hors d'elle , elle ne sent que ses propres modifications ; ses

H 3

modifications sont elles-mêmes, elle n'aperçoit donc rien hors d'elle - même. C'est la
raison pour laquelle nous ne pouvons pro-
noncer sur l'existence des corps. »

Remarque. Bonnet n'ayant pas reconnu ce qui
constituait la sensation , par suite le hors du
moi, ne peut arriver à la certitude de l'existence des corps ; mais il n'en est pas moins
extraordinaire que Bonnet, après avoir refusé
à l'ame d'autres facultés que la passiveté ,
et une force motrice de réaction , et avoir
comme placé dans le cerveau les idées, vienne
à tomber tout-à-coup dans un scepticisme
outré, et à regarder toutes nos connaissances
comme subjectives, ne distinguant plus ce qui
peut être subjectif de ce qui est objectif.

Nous ne nous permettrons point d'énoncer
aucun jugement sur l'essai analytique de
l'ame par Bonnet , nous avons la plus haute
vénération pour ce grand métaphysicien ;
tout ce qui est sorti de sa plume porte l'em-
preinte de la profondeur de ses conceptions
et de son génie , et l'essai analytique en
particulier est un chef-d'œuvre de logique ,
de clarté et d'enchaînement d'idées. A chaque
pas que fait Bonnet , il s'appuie de tout ce
qui précède , et il fait pressentir tout ce qui
va suivre ; il a su répandre sur le sujet le
plus abstrait , tout le coloris et l'intérêt que
comportent ces matières ; cependant nous

invitons le lecteur à examiner lui-même si des remarques que nous nous sommes permis de faire , entraînés par l'amour de la vérité, il ne résulte pas ,

1.º Que les images et les sensations n'ont été distinguées entr'elles , que par le plus ou moins de force dans l'ébranlement des fibres ; qu'il n'a dit nulle part ce qu'était les idées, les confondant avec les perceptions images ou sensations, et que, par conséquent , il a méconnu ce qui caractérisait la sensation , et ce qui distinguait le réveil de la perception image du rappel de l'idée ;

2.º Que les idées ayant été regardées comme des perceptions d'images ou de sensations, la fonction des signes, qui est de réveiller l'idée sans la présence de son image ou de sa propre sensation , n'a pu être reconnue. Le signe étant toujours lui-même une perception image ou sensation.

Très-certainement un homme qui éprouve une sensation ou perçoit une image de rose, ne dira pas, j'ai l'idée d'une rose ; il dira, je vois une rose, j'imagine une rose ; mais si l'image du signe , si le mot rose est fourni à son aperceptibilité , il dira , j'ai l'idée d'une rose.

Par conséquent le réveil des idées et des images par les signes, réveil qui découle de deux facultés , l'imagination et la mémoire,

H 4

n'a pu être rigoureusement analysé , et ces deux facultés ou opérations, comme l'on voudra, ont été assimilées l'une à l'autre , et seulement distinguées par le degré de leur énergie.

3.º   Que l'acte de réminiscence qui entre implicitement dans la mémoire , a été attaché à une simple aperception dans la différence du mouvement des fibres du cerveau venant à être mues de nouveau par le même objet , tandis qu'il est le résultat de plusieurs actes de comparaison , etc...., et qu'il porte tous les caractères d'un jugement.

Ces observations sont toutes déduites du système empirique , et nous passons sous silence tout ce qui concerne les idées abstraites , générales et autres , la volonté , la liberté , etc.....

4.º   Ayant assimilé l'entendement à la sensibilité (à l'aperceptibilité), sa théorie est absolument insuffisante pour expliquer les différens actes qui constituent le jugement, le raisonnement et la formation des notions , et que lui-même a varié sur ce qu'il appelait l'entendement , tantôt limitant , tantôt étendant ses propriétés ; et se voyant forcé à reconnaître implicitement les *conceptions*, il a glissé sur elles pour ne pas contrarier son système , de n'accorder à l'ame que la sensibilité et une force motrice de réaction.

§. X X.

Sur les conceptions.

Quand je dis 2 : 4 :: 4 : 8,
Bonnet me dira, votre entendement a une perception de rapports, laquelle perception de rapports est un jugement. Ces rapports découlent de la nature des choses, et c'est pourquoi l'entendement n'est qu'une sensibilité plus relevée.

J'observe,

Que j'ai ici une perception de signes, mais que cette perception n'est rien pour moi si je ne *conçois* pas ces signes.

Or, pour les concevoir,

Je vois que j'ai associé des unités, et que de cette *association* sont résultés les nombres 2, 4, 4, 8; qu'en vertu de cette génération j'*établis* un rapport entre 2 et 4, 4 et 8.

Que ces associations et ces rapports établis sont des *actes particuliers* de mon esprit (fonction de l'entendement), ne sont pas des aperceptions, ni des réactions de la *force motrice* de l'ame sur le cerveau, (comparer c'est mouvoir, a dit Bonnet); le mouvement ne peut produire, liaison, association, simultanéité. Qu'ensuite, en comparant ces rapports 2 et 4, 4 et 8, je reconnais, en vertu de leur génération, leur similitude, alors je déduis et conclus qu'entr'eux il y a *identité*. Cet acte de déduction et d'affirmation, n'est ni perception ni exercice de la force motrice de l'ame, mais une fonction de la *raison*.

Qu'alors je prononce un *jugement d'identité* entre les deux rapports primitifs,

Et j'ai une *conception*.

Maintenant, si je perçois simultanément les signes et le jugement d'identité, j'ai connaissance complète, laquelle connaissance est une conception renfermée entre deux aperceptions.

Le jugement n'est donc pas une perception de rapports. Jamais par la théorie de Bonnet, qui donne à son entendement la faculté de juger et de comparer, mais pour qui le jugement n'est qu'une perception de rapports, et la comparaison, l'exercice de la force motrice de l'ame, on n'aura de véritable conception, ni de véritable jugement.

Il est vrai que par-là, comme par les sentimens intellectuels, regardés comme primordiaux, on enlève à l'ame cette simplicité, véritable chimère de l'école empirique, à reléguer avec le grand œuvre des alchimistes et l'influence des astres des astrologues.

Degerando a fort bien vu les conceptions

dans sa théorie des jugemens, puisqu'il fait
du jugement un *acte d'association* particulier de l'esprit.

L'école transcendentale voit ces choses
avec encore bien plus de profondeur, de force
et de clarté, et par conséquent avec moins
de simplicité, et elle se couvre un peu de
cette poussière scolastique tant décriée par
Condillac, et par tous ceux qui trouvent
que le principe de la transformation de la
sensation explique tout.

§. X X I.

De l'influence des signes sur l'art de penser,
par Degerando.

Nous ne donnerons pas d'analyse de la
doctrine de Degerando. Son grand et bel
ouvrage sur les signes est dans les mains de
tout le monde.

Degerando a éclairé d'une vive lumière la
théorie des signes, restée très-imparfaite
jusqu'à lui, et il a traité toutes les parties
de la métaphysique, soit dans ses principes,
soit dans ses applications, avec autant de
profondeur que de génie.

Il n'appartient qu'à lui de nous donner
une analyse comparée de sa doctrine, avec
celle des métaphysiciens, ses prédécesseurs;
car il est à remarquer que les quatre philosophes, que l'on peut regarder comme les
chefs de l'école empirique, diffèrent entre
eux sur des points très-essentiels, et que
les principes de l'un ne sont pas simplement
les principes perfectionnés de l'autre.

Les premiers chapitres de l'ouvrage sur
les signes sont consacrés à développer l'analyse des premières opérations sensibles et

intellectuelles de l'homme. Nous nous permettrons, non des critiques, mais quelques
observations que nous soumettons au jugement du citoyen Degerando, qui ne verra
dans ces observations, que le même désir
dont il est animé, celui de reconnaître la
vérité.

De même que nous l'avons fait à l'égard
de Bonnet, une partie de nos observations,
celles relatives à l'aperceptibilité, seront
déduites de la doctrine empirique vulgaire,
et les autres sur ce que le cit. Degerando
appelle jugement, d'un point de vue transcendental, qui se trouve dans sa doctrine,
comme dans la doctrine vulgaire.

Première Observation.

Sur la perception.

« Au moment où une sensation modifie
l'individu, elle commence à être aperçue. »

« Apercevoir et sentir sont en nous deux
choses distinctes, quoique simultanées. »

« En recevant la sensation, nous sommes
passifs ; mais pour l'apercevoir, il faut un
acte de l'esprit qui se fixe sur elle, c'est
l'*attention* : c'est par elle que la sensation
se transforme en perception. »

Observation. Toutes les fois qu'un objet étranger
agit sur nos organes, nous avons une *perception-sensation*. Cette perception est plus

ou moins vive, plus ou moins déterminée ; l'attention ne fait que changer le degré de la perception-sensation, mais elle ne transforme pas la sensation en perception. Quelquefois, il est vrai, nos organes sont modifiés à notre insçu ; mais alors il n'y a pas plus sensation que perception : c'est une action qui nous est étrangère.

La perception-sensation résulte de l'aperception simultanée de la modification du moi et de la modification de l'organe, affecté par l'objet étranger.

Cette observation n'est pas une dispute de mots ; elle est importante en ce que la sensation perçue du citoyen Degerando, pourrait être confondue avec les sensations conçues, c'est-à-dire, soumises aux actes de l'entendement.

« La sensation est agréable ou désagréable.»

« Un *sentiment naturel* porte à se reposer en elle, ou à la repousser loin de soi. »

« On donne le nom de besoin à ce sentiment. Ici est l'origine de la volonté. »

Observation. Ici succède à la sensation un *sentiment*, et ce sentiment est intermédiaire entr'elle et la volonté, ou l'exercice de l'activité de l'ame.

Que ce sentiment soit appelé besoin ou non, peu importe ; il se lie à plaisir et douleur, premiers modes de ce que j'ai appelé la sentimentalité de l'être. Cet état intermédiaire, ce sentiment qui accompagne la sensation, est lui-même un autre mode de la sentimentalité.

Le citoyen Degerando avait fait ici un grand pas hors de la doctrine empirique de Locke et de Bonnet; les sentimens n'étaient plus la volonté appliquée aux sensations, aux images, aux idées, c'étaient les modes d'une faculté particulière. Mais il n'a pas suivi ce premier principe, et sa théorie des sentimens moraux est la même que celle de ces deux métaphysiciens.

Deuxième Observation.

Sur le jugement.

« Une perception isolée dans l'esprit n'est point encore un jugement. »

« Ayant à la fois la perception d'une sensation, et celle du moi qu'elle modifie, ou celle de l'objet étranger qui la produit, si l'individu rapporte cette sensation ou à cet objet, comme à sa cause; ou à son moi, comme à son sujet, »

« La sensation devient un fait, »

« Les perceptions associées deviennent une connaissance, »

« L'acte par lequel l'esprit les associe, devient un jugement. »

Observation. Nous avons vu que la sensation perçue supposoit toujours la double perception du moi et de l'organe modifié. Il n'y a ici encore aucun jugement ; mais le rapport de la sensation à l'objet extérieur, comme cause, et au moi comme sujet, est effectivement un *jugement.*

Mais ce jugement n'est plus une simple aperception, ce n'est pas une perception de rapport, comme Bonnet l'a prétendu ; mais c'est un acte de l'esprit qui *établit* un rapport entre l'objet cause et le *moi* sujet. Cet acte est subjectif, c'est un des modes de ma cognition. Il ne découle ni de l'aperceptibilité, ni de la volonté ; il découle donc d'une autre faculté, et d'un de ses modes. Cette faculté est la conceptibilité, et les facultés secondaires, l'entendement et la raison, sont les modes d'où découle le jugement qui établit la relation entre le moi, la sensation et l'objet.

— « La faculté que nous avons d'apercevoir, a reçu le nom d'entendement. »

Observation. En bornant l'entendement à l'aperception, je ne vois point que dans aucune école, on ait donné à la sensibilité (à l'aperceptibilité), le nom d'entendement.

Ceci confirme la nécessité de notre première observation, parce qu'il est à craindre qu'on ne confonde les aperceptions et les conceptions,

conceptions, d'après la distinction établie entre la sensation et la perception.

Dans l'école de Kant, l'entendement est toute autre chose. Il m'a paru que vulgairement, on attribuait le premier mode des conceptions à l'entendement, c'est pourquoi j'ai fait de celui-ci un mode de la *conceptibilité*.

L'acte de juger, tel que nous l'avons exposé dans le système vulgaire, est un point de vue transcendental de ce système; mais il n'est pas le transcendentalisme pur, parce que les rapports, quoique saisis et établis par la conceptibilité, ne sont pas créés dans tous les cas par l'esprit, et sont censés dérivés quelquefois de la nature des choses.

Il est donc évident que Degerando, dans sa théorie des jugemens, s'est élevé lui-même à ce point de vue transcendental, et que pour lui, les jugemens ne sont point des modes de l'aperceptibilité, ni de cette simple force motrice, à quoi Bonnet avait borné l'ame.

Si donc la doctrine du citoyen Degerando est beaucoup plus satisfaisante que celle des autres philosophes de l'école empirique, c'est en partie à ce qu'il a mieux connu les idées et leur réveil, ainsi que nous le verrons, et en partie à ce qu'il s'est élevé, par sa théorie des jugemens, jusqu'aux lois subjectives de

I

la conception, et par conséquent à un point de vue transcendental, ainsi que le système vulgaire que nous avons développé.

— « Par l'attention, nos sensations se convertissent en perceptions. » (Nous avons vu comment il fallait entendre cela).

« Par les jugemens, nos perceptions se convertissent en connaissance, et passent dans le règne de la science. »

Observation. Ceci, qui est une conséquence rigoureuse de ce qui précède, prouve que lorsqu'on ne reconnaît pas explicitement les lois de la conceptibilité et de ses modes, l'entendement et la raison, et ses actes les jugemens, on est obligé de les reconnaître implicitement.

Mais voici ce qui nous rejette dans l'empirisme, après avoir paru en être sorti un moment.

« Un fait est la sensation considérée dans un état de réalité et d'existence, et dans les rapports qui en naissent. »

« Le jugement est la connaissance que nous prenons de ce fait. »

Il y a eu infiniment d'art, de la part du citoyen Degerando, à introduire ainsi ses différens modes de jugemens, pour subvenir aux différens modes subjectifs de la conceptibilité, sans lesquels nulle théorie de l'acquisition de nos connaissances, ne peut être satisfaisante.

C'est aussi par la transformation de la sensation en perception, qu'il est subvenu aux modes subjectifs de l'aperceptibilité.

TROISIÈME OBSERVATION.

Sur l'imagination, la mémoire et les idées.

L'imagination.

« L'organe qui avait été ébranlé par l'action d'un objet externe, s'ébranle de nouveau en son absence. »

« L'ébranlement, au lieu d'embrasser toute l'étendue du système nerveux, reste peut-être renfermé dans le cerveau. »

« Il en résulte pour l'individu une nouvelle manière d'être, ressemblant à la sensation, mais qui en diffère par le degré de force, de présence et de vivacité. Cette nouvelle modification s'appelle *image*. »

Observation. Bonnet avait reconnu ce fait; mais il n'avait distingué l'image de la sensation, que par le moindre degré d'ébranlement; ce qui ne suffit pas. La modification, suite de la sensation, a laissé une trace dans le cerveau; c'est cette trace qui, venant à être ébranlée, reproduit l'image; tandis que la sensation est le rapport d'une perception à l'organe extérieur : comment le seul ébran-

lement du cerveau reproduirait-il l'image,
si la modification primitive de la fibre ne
s'était pas en partie conservée? Mais il faut
qu'elle soit mue pour qu'elle affecte l'ame.
Nous aurons donc des images existantes non
perçues, et des images perçues. L'imagination
a donc la double fonction de les conserver
et de les reproduire.

Le citoyen Degerando a fort bien remarqué que si l'ébranlement ne se bornait pas
au cerveau, il y aurait vision. Je raisonne
ici empiriquement.

Les idées.

« Les idées seront, et ces images, et les élé-
mens ou rapports que l'esprit aperçoit en
elles, et les circonstances qui les accompagnent; en un mot, tout ce qu'on imagine. »

Observation. En supposant même que les idées
et les images, ainsi que les perceptions idées
et images, fussent la même chose, quoique
cela ne soit pas, ainsi que nous l'avons déjà
si souvent démontré, il ne me parait pas
d'une bonne métaphysique de donner le même
nom aux perceptions des images et aux perceptions de leurs rapports; et donner aussi
ce nom « à tout ce qui les accompagne, à
tout ce qu'on imagine, » n'est pas d'une
analyse rigoureuse, c'est rester dans un

vague, qui ne nous conduit à aucune connaissance assurée (*).

Mais ailleurs il est dit :

« L'idée est à la perception ce que l'image est à la sensation. »

Ceci est très-ingénieux, mais est un peu en contradiction avec ce qui précède.

Car si l'image est la modification résultante de la sensation, reproduite en partie par l'ébranlement du cerveau (c'est autre chose selon moi), l'idée sera donc la modification résultante de la perception-sensation renouvelée. L'idée ne sera donc pas l'image ni tout ce qu'on imagine.

(*) Les images étant soumises aux lois de l'aperception, voilà des perceptions images (jusqu'ici des idées, selon Degerando); mais ce ne sont pas des idées ; les traces correspondantes dans l'ame à ces images, voilà leurs idées.

Les images sont soumises aux lois de la conception ; de là, association, rapports, comparaisons, jugemens, etc.... sur elles. Ces actes de la conception sont soumis à l'aperceptibilité ; de là, connaissance et modifications particulières pour l'ame. Les traces restantes des modifications de cet ordre, sont les idées relatives à la conception, tout comme les premières traces étaient des idées relatives à l'aperception-sensation. (Je raisonne empiriquement). Mais il faut observer que dans ces conceptions, relatives aux images soumises à l'aperception, il y a plusieurs opérations dont les idées dues aux sensations, font partie. Mais comme la théorie empirique que nous avons offerte, repose elle-même sur des fondemens ruineux, il a été inutile de développer davantage cette théorie des idées.

I 3

Mais si l'idée est à la perception ce que l'image est à la sensation ; comme nécessairement l'image est la trace restée dans le cerveau après la sensation, l'idée sera la trace restée dans l'ame après la perception. Et voilà l'idée devenue ce que nous avons dit qu'elle était ; voilà l'idée et sa perception bien distincte de l'image et de sa perception. Car nous présumons que le citoyen Degerando admet l'existence d'une ame, et que c'est elle qui perçoit, qui agit, qui porte les jugemens, etc....

Mais alors, en reconnaissant explicitement cette distinction des idées et des images, toutes les opérations intellectuelles deviennent plus claires, plus faciles, etc....

La réminiscence et la mémoire.

« Une sensation qui avait déjà modifié l'individu, vient à l'affecter de nouveau. »

« Il reconnait cette sensation. »

« Il retrouve en elle son premier moi ; ce phénomène est la *réminiscence*, elle suppose deux conditions ;

1.º Que dans les deux instans de son apparition, cette sensation eût reçu une attention suffisante ;

2.º Que nos organes aient conservé *quelques traces* de l'impression reçue. »

Observation. Ici l'auteur est obligé d'admettre cette conservation des traces des sensations antérieures.

En donnant à ces traces une existence précise, déterminée, on a les images, les idées telles que nous les avons développées.

Et l'acte de réminiscence a lieu comme nous l'avons développé.

— « La réminiscence appliquée à l'imagination est la mémoire. »

Il nous a paru que l'acte qui portait le nom de mémoire était assez variable, et plus ou moins compliqué selon les cas ; mais l'imagination et la réminiscence coopéraient toujours aux différens actes qui portent ce nom. Le lecteur voudra bien relire ici ce que nous avons dit dans l'exposition des opérations intellectuelles.

QUATRIÈME OBSERVATION.

Sur les idées abstraites.

— « Il n'y a rien d'abstrait dans la nature, et l'imagination ne saurait représenter rien d'abstrait. »

« L'idée abstraite ne saurait appartenir seule à l'esprit ; elle se présente toujours à lui entourée des idées qui s'unissent à elles dans l'image sensible dont elle est détachée, et qui sont son complément sensible. »

I 4

« Un signe ne peut réveiller l'idée abstraite
toute seule, il éveillera avec elle son complé.
ment sensible. Il n'existe pas d'homme abstrait :
lorsque je dis homme, ce mot rappelle inévi-
tablement quelque homme en particulier.»

Observation. Du moment où les idées et les
images sont assimilées, et leurs perceptions
de même, toute idée abstraite doit avoir un
complément sensible, une image accompagnant le signe, tout comme les idées sensibles particulières ont leurs images réveillées
par le signe. Bonnet avait dit que l'idée
abstraite était accompagnée d'une esquisse
de l'idée sensible ; mais il est très-certain que
le signe perception image, ou sensation,
réveille l'idée abstraite, sans qu'aucun complément sensible, aucune esquisse, aucune
image ne l'accompagne. Je redescends, si
je veux, à des perceptions images relatives
à cette idée abstraite ; mais je l'ai sans elles.
Dire que ces images, que ces esquisses sont
si fugitives qu'elles ne sont pas aperçues,
c'est absolument ne rien dire ; si elles ne sont
pas aperçues, elles sont nulles pour nous.
Ceci confirme la nécessité de donner une
existence positive aux traces, et d'en cons-
tituer les deux classes modifications idées
et images, dans tout système empirique
quelconque.

CINQUIÈME OBSERVATION.

Sur le jugement.

Nous aurions encore plusieurs observations à faire sur les différentes espèces de jugemens admis par l'auteur de l'ouvrage sur les signes. Ces différentes espèces de jugemens n'ont entre elles que de faibles analogies ; car les actes de l'esprit, d'où résultent un jugement relatif à un simple fait, et le jugement de croyance, et les jugemens qui constituent un raisonnement dans toutes ses parties, sont différens entr'eux.

Car si les premiers semblent ne pas nécessiter ce mode de l'esprit, qu'on peut appeler la déduction, les derniers l'exigent absolument. Il nous suffira d'observer que tous ces jugemens ne peuvent découler de la faculté aperceptibilité, non plus que d'une simple force motrice de l'ame sur les fibres du cerveau, mais qu'ils sont dus à la conceptibilité, à ses différens modes, premiers ou secondaires, tels que l'entendement, la raison, etc....

(Lesquels modes pourraient être regardés comme des facultés distinctes, ainsi que nous l'examinerons un jour, en exposant la doctrine transcendentale, nos idées n'étant pas fixées à cet égard).

Que de plus, à supposer même que les rapports sur lesquels ils se fondent, découlent de la

nature des choses (ce qui ne peut nécessairement
pas avoir lieu pour les rapports mathématiques),
ces jugemens n'en seraient pas moins la suite des
lois subjectives de l'être, et de sa faculté de
conception ; et , par conséquent, s'assimileraient ,
mais d'une manière vague et imparfaite , aux
principes de la théorie transcendentale, dont la
marche est si supérieure pour tout ce qui tient à
cette partie de la cognition.

Un petit traité des jugemens, où l'on com-
parerait ce qu'ils ont été , dans les différentes
écoles et dans les différens systèmes, serait une
chose très-importante et très-intéressante en
métaphysique.

§. XXII.

Des sentimens moraux.

Si les philosophes de l'école empirique ont varié sur l'analyse des opérations intellectuelles et des facultés de l'homme, ils se sont réunis pour ramener au plaisir et à la douleur, l'origine des sentimens moraux. Parmi les modernes, Locke est le premier qui ait cherché à donner une explication purement physique des lois de la morale et de la conscience. Nous allons parcourir succinctement cette division particulière de la métaphysique, et nous verrons que le vulgaire a de même mieux connu la partie morale de notre être que les philosophes métaphysiciens.

§. X X I I I.

Locke. (Théorie des passions.)

L. 2 , chap. 7 , §. 2.
Plaisir et douleur.

> « Le plaisir et la douleur
> » sont deux idées , dont l'une
> » ou l'autre se trouve jointe à
> » toutes nos idées, tant à celles
> » qui nous viennent par nos
> » sensations, qu'à celles reçues
> » par réflexion. J'entends par
> » plaisir ou douleur , tout
> » ce qui nous plaît ou nous
> » incommode , soit qu'il pro-
> » cède des pensées de notre
> » esprit ou de quelque chose
> » qui agisse sur le corps. ».

Observation.

Il y a ici deux choses à distinguer ,

1.° Le plaisir et la douleur physique , unis à une sensation , ne sont pas des idées analogues, même dans le système de Locke, à celles de la sensation ; ce sont des choses très-différentes ; ce plaisir et la douleur sont les premiers modes de notre sensibilité morale , mais ce sont des modes mixtes dont l'état physique fait partie.

Il y a deux choses dans ce mode, le plaisir que j'éprouve, et mon aperceptibilité qui prend connaissance de ce plaisir ; alors c'est par elle que se conserve en moi l'idée du plaisir éprouvé, bien différente de l'état où je suis quand j'éprouve le plaisir attaché à une sensation. On ne peut donc confondre l'idée relative au plaisir perçue de nouveau, avec l'état plaisir accompagnant la sensation, et qui est le premier mode miate de ma sentimentalité. Je l'appelle mixte, parce que, d'une part, la sentimentalité, de l'autre, l'organe et l'objet, concourent à la création de ce mode.

2.° On n'a pu confondre, sans de grands inconvéniens, ce premier mode mixte, plaisir et douleur, attaché à la sensation, avec un autre mode de la sentimentalité, lequel n'est pas mixte, savoir, jouissance et souffrance de l'ame.

C'est de là qu'est venue cette fausse théorie de rapporter toutes nos affections et toutes nos lois morales au plaisir et à la douleur physique, de méconnaître les lois innées de la conscience, celles de l'amour de la perfection et du beau, etc..., et de regarder les sensations physiques et les rapports qui en dérivent comme l'origine du monde moral ; tandis qu'elles ne sont que les causes occasionelles qui développent les sentimens moraux innés avec nous, et par lesquels nous ordonnons au contraire le monde physique.

Que chacun s'examine et reconnaisse si la douleur physique est la même chose que la douleur de l'ame ; il y a entre elles un intervalle immense, que ni la théorie des notions, ni les fibres intellectuelles de Bonnet ne pourront jamais combler. Dans les langues, on a été obligé de se servir du même mot, parce que nos expressions les plus intellectuelles sont fondées sur une analogie des choses physiques avec ce que nous ressentons au-dedans de nous, mais non sur l'identité. Or, les métaphysiciens, au lieu de conserver au mot douleur ce sens figuré, l'ont pris au sens propre ; de là cette fausse assimilation des deux premiers modes de la sentimentalité, l'un pur et l'autre mixte.

L. 2, chap. 20.
Théorie des passions.

« Les choses ne sont
» bonnes ou mauvaises,
» que par rapport au plai-
» sir ou à la douleur : nous
» nommons *bien* tout ce
» qui est propre à aug-
» menter le plaisir en nous,
» ou à nous procurer la
» possession, etc.... Nous
» appelons *mal*, ce qui est
» propre à produire ou à
» augmenter en nous quel-
» que douleur, ou à dimi-

» nuer quelque plaisir que
» ce soit. »

Observation.

Ici sont méconnues ces lois de la conscience, si claires, si positives pour tous les hommes, par lesquelles ils distinguent le bien et le mal, non par le plaisir ou la douleur qui en peuvent résulter pour eux, mais qui les obligent souvent à reconnaître dans la douleur le bien, et dans le plaisir le mal. L'amour du bien, la haine du mal, appartiennent au troisième mode de notre sentimentalité, ce sont des lois primordiales de l'être.

Le bien et le mal met-
tent nos passions en
mouvement.

« En réfléchissant sur le
» plaisir qu'une chose pré-
» sente ou absente peut
» produire en nous, nous
» avons l'idée que nous ap-
» pelons amour.
» Au contraire, la ré-
» flexion du désagrément
» ou de la douleur qu'une
» chose présente ou ab-
» sente peut produire en
» nous, nous avons l'idée
» de ce que nous appelons
» haine. »

Observation.

Ici , comme lorsqu'il s'est agit du plaisir ou de la douleur attachés à la sensation , Locke a confondu l'idée , la connaissance du sentiment avec le sentiment que nous éprouvons , avec l'état de l'ame livrée à ce sentiment, et de plus assimilé les douleurs de l'ame (les *souffrances* intellectuelles) avec le mode mixte de la sentimentalité , douleur ou plaisir physique.

Locke a de même confondu la honte , la crainte , la colère , etc..... avec l'inquiétude ; ce sont des inquiétudes différemment modifiées. Ces passions ont des origines beaucoup plus complexes , dans lesquelles entrent toujours un sentiment primordial et inné.

« Là haine ou l'amour qui » ont pour objet des êtres » capables de bonheur ou de » malheur , est souvent un » déplaisir ou un contente- » ment que nous sentons en » nous, procédant de la con- » sidération même de leur » existence ou du bonheur » dont ils jouissent. Ainsi , » l'existence et la prospérité » de nos enfans ou de nos » amis, nous donnant cons- » tamment du plaisir , nous » disons

» disons que nous les aimons
» constamment. »

Observation.

C'est substituer l'effet à la cause ; c'est parce que nous les aimons , que nous avons du plaisir et des jouissances en eux.

Locke répète , à différentes reprises , qu'il entend par plaisir et douleur , contentement et inquiétude , non-seulement un plaisir , une douleur qui viennent du corps, mais quelque espèce de satisfaction ou d'inquiétude que nous sentions en nous-mêmes , soit qu'elle procède de quelque sensation ou de quelque réflexion agréable ou désagréable ; ce sont ses termes. Ceci s'applique sur-tout à sa théorie des passions; et si cela la rend un peu moins matérielle , alors elle retombe dans le vague et la confusion , soit dans les principes , soit dans les applications.

K

§. XXIV.

Charles Bonnet. (Théorie des passions.)

BONNET n'a pas réuni en un seul chapitre sa théorie des sentimens moraux ; il en traite successivement à mesure que sa statue fait des pas dans la connaissance, ce qui nous oblige , afin de conserver autant que possible son texte, d'en faire comme une double exposition : on verra très-bien que les principes sont les mêmes ; mais en la fondant en une seule, les phrases de Bonnet nous échapperaient.

A.

— « L'ébranlement qui est le plus dans le rapport qui fait le plaisir, détermine la volonté ; la loi du plaisir est donc la loi de la volonté. »

— « Un désir vif de changer de situation est une passion. La passion n'est au fond qu'un désir dont l'activité est extrême, c'est une *volonté* qui s'applique fortement à son objet, et le désir n'est qu'une modification de la *force motrice* de l'ame. »

— « Comme la sensibilité se proportionne au degré de mouvement des fibres, un mouvement dont l'intensité est extrême, attire à lui toute la sensibilité. »

« Chaque passion a son caractère. Ce caractère est en raison de l'espèce de fibres ébranlées, et du degré de l'ébranlement. »

« Nos sentimens de différens genres tiennent à des fibres de différens genres. L'ébranlement des fibres par l'imagination reproduit les sentimens qui leur sont attachés. »

« Le degré de l'ébranlement décide de la vivacité du sentiment, l'espèce de la fibre, de l'espèce du sentiment. »

« Dans un être qui réfléchit, les passions n'y sont pas simplement excitées par les sensations, elles le sont encore par les notions. »

« Tout être qui sent, veut sentir agréablement. Cette volonté générale constitue l'amour-propre ou l'amour que tout être sentant a pour lui-même. L'amour-propre ne diffère point de l'amour de la perfection. »

« C'est de l'amour-propre que découlent les sentimens moraux. »

« La bienveillance est cet amour-propre élevé qui se plaît à faire des heureux. »

La compassion est physique, elle consiste dans cette impression douloureuse que nous éprouvons à la vue des maux d'autrui. »

« Les passions ne sont donc que ses modifications, elles sont l'amour-propre appliqué, dans un certain degré, à tel ou tel objet. L'amour-propre est donc l'unique moteur des êtres sentans et intelligens. La sensibilité

K 2

l'excite , l'entendement l'éclaire , le tempé-
rament et les circonstances le modifient , les
lois le dirigent, et l'éducation le perfectionne
et l'ennoblit. »

Observation. Non-seulement , selon Bonnet , les
sentimens moraux sont des modifications
de l'amour-propre , mais ce sont des modifications instantanées , non subsistantes.

1.º Je demanderai quel rapport il y a entre
ce sentiment appelé amour-propre , amour
de soi , et cet acte de l'ame appelé volonté,
par lequel je modifie les fibres du cerveau?
Quand je dis , je veux jouir, et qu'alors ma
volonté s'exerce sur les fibres du cerveau, il
y a un sentiment qui préexiste à cet acte de
la volonté et qui en est très-différent, lequel
se décompose en sentiment d'amour de soi
et en désir. Entre l'amour de soi et l'acte de
vouloir , il y a une différence absolue ; et
dire que notre amour-propre est la volonté
de jouir agréablement , c'est confondre l'effet
et la cause.

2.º Bonnet en disant , tout être qui sent veut
sentir agréablement , et cette volonté générale est l'amour - propre , a embrassé dans
cette expression sentir , des choses très-différentes, savoir, le premier mode mixte de
la sensibilité , plaisir et douleur ; et le
second mode , purement intellectuel, jouis-

sance et souffrance. Il y a entre ces deux modes une grande différence, c'est celle du physique qui est de la nature, avec le moral qui est en nous-mêmes. Les idées physiques nous viennent en partie de la nature, en partie de nous-mêmes ; mais les idées morales viennent de nos sentimens moraux qui sont en nous, et ne peuvent dériver des lois physiques.

C'est en confondant ces deux modes en une seule expression, que Bonnet a méconnu la théorie des passions.

3.º L'amour de soi est très-différent de l'amour de la perfection, du sentiment du beau, du grand, etc.... Comment peut-on, sans l'appuyer de preuves, faire un semblable rapprochement ?

4.º C'est de l'amour propre que découlent les sentimens moraux, selon Bonnet.

Du moment où les deux premiers modes de la sentimentalité ont été confondus, le troisième devait l'être.

Mais en supposant même l'amour-propre la volonté d'avoir des jouissances et d'éviter les souffrances,

Je vois jouissance et souffrance accompagner les sentimens moraux, mais non pas les engendrer, ce qui est bien différent.

Ils ne sont pas davantage engendrés par les circonstances, c'est-à-dire, par les notions qui

K 3

découlent de ces circonstances, mais nous les appliquons à ces notions; alors apercevant les sentimens éprouvés, par différens actes de la conception, nous en formons des idées, et ce sont ces idées ainsi engendrées que l'on a confondues avec les sentimens; mais éprouver ces sentimens ou percevoir leurs idées, cela est fort différent.

5.° La compassion n'est pas le plus souvent un acte physique; nous pouvons éprouver la sensation douloureuse des maux d'autrui, sans éprouver la pitié, *et vice versâ*.

D'ailleurs, dans les cas où il s'agit d'objets éloignés reproduits à notre imagination, et ces mêmes objets étant intellectuels, d'où naîtrait la sensation douloureuse....? Non, la pitié a une source plus belle, plus relevée, plus noble que la volonté générale de sentir agréablement.

Nous sommes sans pitié pour les méchans, et leur supplice peut nous occasioner une impression douloureuse.

6.° De même que dans l'ouvrage de Locke, dans l'Essai analytique, les lois de la conscience ont été méconnues; la connaissance du bien et du mal, et cette voix intérieure qui nous dit, sois vertueux, ne sont plus que la volonté qu'a tout être sentant de sentir agréablement. Bonnet eût dû nous dire par quelle chaîne de raisonnement nous arrivons de cette volonté de jouir agréablement à ce qu'on avait appelé, avant les métaphysiciens, les lois de la conscience.

C'est une chose digne de remarque dans l'histoire de l'esprit humain, que ce soit sur-tout en Suisse, que les opinions de Bonnet sur la morale aient été adoptées, et cela, par les mêmes hommes qui ont reproché aux encyclopédistes, et à la philosophie française en général, la fausseté de ses principes, tandis que c'est la métaphysique de Bonnet qui donnait le plus ferme appui à cette même philosophie.

B.

— « L'ébranlement qui est le plus dans le rapport qui fait le plaisir, détermine la volonté. La loi du plaisir est donc la loi de la volonté.»

— « Les êtres doués de réflexions ont des plaisirs que ne peuvent goûter les êtres purement sentans. Dans ces premiers, l'objet de la volonté est le plus souvent un plaisir moral. »

— « Les idées de perfection morale qui déterminent la volonté d'un être qui réfléchit, ne sont pas de la création de son entendement. Afin que l'entendement acquière des notions morales, il faut que les circonstances le disposent à en acquérir. »

— « L'effet physique de l'éducation consiste à ébranler plus souvent, plus fortement, plus harmoniquement les fibres appropriées aux idées morales. »

« Il est entre les notions des rapports naturels, comme il en est entre les idées sensibles ; les rapports qui lient l'idée de reconnaissance à celle de bienfaisance, sont naturels. Ces idées tiennent à des fibres qui leur sont appropriées ; ces fibres ont des rapports entr'elles, elles sont harmoniques. »

« La nature de ces fibres, leurs mouvemens, leurs accessoires qu'elles réveillent, sont les causes physiques du plaisir moral, attachées à la contemplation de la bienfaisance. »

« L'entendement juge des rapports moraux, comme la sensibilité juge des rapports physiques. L'entendement n'est qu'une sensibilité plus relevée, il a comme elle ses fibres. »

« Du jeu harmonique des fibres de la sensibilité, dérivent les plaisirs attachés au beau physique : le jeu harmonique des fibres intellectuelles est le fondement physique du plaisir attaché au beau moral. »

« Cette force, que nous nommons la volonté (laquelle ne juge pas), s'applique donc à toutes les opérations de la sensibilité et de l'entendement ; et les différentes manières dont elle s'y applique, ou les différens degrés dans lesquels elle s'y applique, ont reçu les différens noms d'attention, de désir, d'affections, de sentimens, de passions, etc....

L'amour-propre n'est de même que la volonté, en tant qu'elle a pour objet le plaisir ou le bonheur. »

Observation.

De bonne foi, qu'est-ce que le jeu harmonique des fibres intellectuelles d'où résulte le plaisir attaché au beau moral.....?

Quel rapport y a-t-il entre ce jeu harmonique et le sentiment que j'éprouve au récit d'une belle action? Si Bonnet trouvait qu'entre le mouvement des fibres du cerveau et la sensation, il y avait un *quelque chose* d'inexplicable, il y a entre ce jeu harmonique et le sentiment qui accompagne le beau moral, un autre un *quelque chose* bien plus inexplicable. Les lois subjectives de l'aperceptibilité pouvaient seules lever la première difficulté; les lois subjectives de la sensibilité morale, peuvent seules lever la dernière.

§. X X V.

Degerando. (Théorie des passions.)

— « LA sensation est *agréable* ou *désagréable;* un *sentiment naturel* porte à se reposer en elle, ou à la repousser loin de soi. »

— « On donne le nom de besoin à un sentiment ; ici est l'origine de la volonté. »

Observation. Ainsi que nous l'avons déjà remarqué, le citoyen Degerando, en admettant un *sentiment* comme intermédiaire entre la sensation et la volonté, avait fait un très-grand pas hors de l'école empirique ; mais ensuite il est rentré entièrement dans la route tracée par ses prédécesseurs.

— « En recevant la sensation, nous sommes passifs ; en l'apercevant, nous commençons à exercer notre activité.

Le désir se rapporte à une chose absente et éloignée. »

— « La volonté s'attachant aux traces de l'imagination, selon que les choses passées nous retracent un plaisir ou une peine, nous verrons naître les regrets, la crainte, l'espérance, les désirs, et tous les sentimens qui se rapportent à des objets éloignés de nous, et qu'on appelle *affections de l'ame.*

Une passion est l'habitude d'une affection très-vive. »

Le citoyen Degerando n'a pas cherché à s'étendre sur la théorie des sentimens moraux, cela n'entrait pas dans le plan de son ouvrage, et on voit qu'il s'est borné à admettre la doctrine de Bonnet.

Il eût peut-être trouvé dans les sentimens moraux une nombreuse classe de signes pathognomoniques, et de nouveaux moyens de développer notre existence cognitive.

ſ. X X V I et dernier.

Nous ne ferons aucun résumé de nos observations, non plus que des différens systèmes
des métaphysiciens de l'école empirique ; nous
avons dit, à fin du §. 2, les raisons qui nous
arrêtaient : nous nous bornerons à observer
que, si la doctrine de Degerando est la
plus satisfaisante, la plus propre à être appliquée au perfectionnement des autres sciences,
c'est qu'outre cette belle théorie des signes qu'il
a si bien approfondie, seul, il a déterminé avec
précision la différence des sensations et des images, et vu ce qu'étaient les idées, et qu'ayant
admis implicitement, par sa théorie des jugemens, la loi fondamentale des conceptions,
sans avoir néanmoins déterminé leurs divers
modes subjectifs et leur génération première,
il ne s'est pas écarté de la doctrine vulgaire,
et que, comme elle, il a soulevé un des coins
du voile qui couvrait aux empiristes purs, les
lois subjectives de la cognition ; voile que *paraît*
avoir arraché entièrement la philosophie transcendentale (*).

(*) La métaphysique empirique pourrait se comparer
aux figures construites avec la ligne droite, dont les équations sont *simples*, mais dont les propriétés sont bornées,

Si nous avons amené le lecteur à douter de la
la certitude de la doctrine des métaphysiciens
de l'école empirique, à reconnaître l'insuffisance
de leurs principes, et combien peu, dans la connaissance de l'homme, ils s'étaient élevés au-dessus
des notions vulgaires ; si sur-tout nous sommes
parvenus à montrer que, sans s'en laisser imposer
par des grands noms que le temps semble avoir
consacrés, le moment est venu où l'on doit
examiner, avec sévérité, les différens systèmes

---

et qui ne sont que de la géométrie superficielle. Les systèmes (en métaphysique) sur l'origine des choses, des
anciens et des scolastiques, sont ces courbes irrégulières
dont on ne peut jamais trouver l'équation ou qu'approxi-
mativement, et qui sont dépourvues de propriétés ; mais la
philosophie transcendentale prescrivant à la fois des lois
à l'être humain et à la nature (en séparant ce qui est
objectif de ce qui est subjectif), ayant une marche rigoureuse et profonde, cette philosophie, dis-je, qui *paraît*
si féconde en grands résultats, est semblable aux sections
coniques et à quelques autres courbes dont les équations
sont rigoureuses, et remarquables par le grand nombre de
leurs propriétés et de leurs applications. Dans le monde,
les gens de bons sens sont les lignes droites ; les enthou-
siastes et les hommes qui n'ont que de l'esprit, sont les
courbes irrégulières et infécondes ; mais les hommes qui
réunissent le jugement et la raison à l'esprit et aux connaissances, sont ces courbes dont on trouve toujours les
équations, et qui sont riches en propriétés et en applications.

que nous possédons en métaphysique, notre but
sera rempli (*).

(*) Une des choses les plus dignes de remarque dans la
marche des sciences, c'est cette tendance qu'a toujours eu
l'esprit humain à expliquer les phénomènes long - temps
avant de les avoir bien étudiés, et de connaître leur ensemble ; il les rallie autour de quelques principes qu'il
croit simples et générateurs ; mais ensuite les nombreuses
anomalies que viennent offrir de nouveaux phénomènes,
l'obligent à reconnaître leur insuffisance, à revenir sur ses
pas, et à avoir égard à un plus grand nombre de causes
influentes.

C'est ainsi que dans nos temps modernes, la chimie se
bornant d'abord à un petit nombre de faits, crut qu'en
admettant quelques substances élémentaires, elle pourrait
expliquer la formation de tous les corps ; mais revenue
à des idées plus saines dans le siècle dernier, elle se déter-
mina à considérer toute substance comme élémentaire, jusqu'à ce que, par l'expérience, on soit parvenu à la résoudre
en principes plus simples, et le nombre des substances
élémentaires approche de quarante. A l'aide du seul principe des affinités électives, on croyait encore dernière-
ment rendre raison de tous les phénomènes : le citoyen
Berthollet vient de démontrer qu'il fallait avoir égard non-
seulement à l'affinité élective, mais encore à la proportion
des substances, à leur force de cohésion, à leur disso-
lubilité, à leur élasticité, et à l'affinité résultante ; ce
qui complique infiniment les recherches sur l'action chi-
mique des corps, et n'est pas tout à fait si simple que les
explications que l'on déduirait du principe des affinités
électives.

Il me serait aisé de prendre d'autres exemples en mécanique, en astronomie, en botanique, etc... Il ne serait
pas difficile de faire voir qu'il en a été de même en métaphysique, et que nous serons obligé, pour l'explication des

Quelques disciples de la philosophie transcendentale paraissent déjà exiger une foi implicite
à leur chef, et proscrire impérieusement le doute
et l'examen : quant à nous, nous pensons que
le nom de Kant ne doit pas en imposer davantage que ceux de Locke et de Condillac, qu'il
suffit dans les discussions d'apporter de la bonne
foi et l'amour sincère de la vérité, et qu'avant
d'adopter en France les opinions de la nouvelle
doctrine, elles doivent être soumises à la critique
la plus rigoureuse et la plus approfondie (*).

---

faits , d'abandonner les principes crus générateurs , pour
considérer un beaucoup plus grand nombre de causes con-
courantes , lesquelles seront les propriétés premières dont
le *moi humain* se trouve doué.

(*) De même qu'il existe, comme une double science
mathématique, savoir, celle des hautes connaissances, à la
portée des seuls savans, et l'arithmétique et la géométrie,
à l'usage de tous les hommes, de même il doit exister une
double métaphysique. Nous avons exposé cette métaphysique
élémentaire, que la nature enseigne à tous les hommes,
que les langues et l'usage perfectionnent jusqu'à un certain
point, et qui suffit à tous leurs besoins ; mais il y a ensuite
une autre métaphysique, profonde, transcendentale, qui
n'est nécessaire qu'au très-petit nombre de ceux qui se livrent
à l'étude des hautes sciences. Quelques écrivains du dix-
huitième siècle, qui voulaient populariser toutes les sciences,
et faire d'un savetier, un académicien, ont cherché à mettre
la métaphysique à la portée d'une nombreuse classe de
lecteurs, et c'est, parmi plusieurs raisons de leur tendance

à une métaphysique superficielle, une des principales. Certainement il importe fort peu au vulgaire, que l'espace et le temps soient des modes subjectifs ou objectifs de la cognition, et que les catégories soient de la création de l'entendement, ou dérivent de la nature des choses.

Toutes les discussions sur la philosophie transcendentale et la doctrine empirique doivent donc rester étrangères au public, et c'est entre les seuls savans que ces matières doivent être débattues; alors elles le seront avec toute la profondeur qu'elles méritent.

De même que les progrès que font les hautes mathématiques, influent indirectement sur toutes les parties secondaires et les différentes branches d'application, de même la haute métaphysique influera indirectement sur le perfectionnement de l'art de parler, de l'art de raisonner, et sur les opinions du vulgaire en métaphysique, sans qu'il soit nécessaire, pour cela, que tous les hommes deviennent métaphysiciens ou géomètres.

FIN.

www.ingramcontent.com/pod-product-compliance
Lightning Source LLC
Chambersburg PA
CBHW050011100426
42739CB00011B/2598